SIXIANG DAODE XIUYANG YU FALU JICHUKE

SHIJIAN JIAOXUE HUODONG ZHIDAO

思想道德修养与法律基础课

实践教学活动指导

主　编：吕　志　黄丽春

副主编：钟光红　李雪如

编　委：欧罗城　粟　莉

王　喆　谢沫珠

（按姓氏拼音为序）

暨南大学出版社

JINAN UNIVERSITY PRESS

中国·广州

图书在版编目（CIP）数据

思想道德修养与法律基础课实践教学活动指导 / 吕志，黄丽春主编. —广州：暨南大学出版社，2011.8
ISBN 978-7-81135-886-5

Ⅰ. ①思… Ⅱ. ①吕… ②黄… Ⅲ. ①思想修养—高等学校—教学参考资料 ②法律—中国—高等学校—教学参考资料 Ⅳ. ①G641.6 ②D920.4

中国版本图书馆CIP数据核字（2011）第102891号

出版发行：暨南大学出版社

地　址：中国广州暨南大学
电　话：总编室（8620）85221601
营销部（8620）85225284　85228291　85228292（邮购）
传　真：（8620）85221583（办公室）　85223774（营销部）
邮　编：510630
网　址：http://www.jnupress.com　http://press.jnu.edu.cn

排　版：友间文化
印　刷：广州市怡升印刷有限公司

开　本：787mm×960mm　1/16
印　张：10
字　数：187千
版　次：2011年8月第1版
印　次：2011年8月第1次

定　价：19.80元

序 言

“思想道德修养与法律基础”课程的教育教学，与有些单一的知识、技能性课程相比，有其不同的课程性质与特点。该课程不仅要系统给学生传授思想道德与法律的理论与知识，更要引导学生理解、认同、接受这些理论，形成自己的思想观点与理想信念，并在实践中能够正确运用所学理论、原则，遵循行为准则，进行道德选择和法规价值判断。也就是，这门课不仅要学习、掌握理论与知识，也要塑造和改造思想，还要规范和指导行为，从而达到全面提高学生思想道德素质与法律素养的目标。因而这门课必须坚持教育依托教学和教学孕育教育的统一。

基于课程的这一特点，在“思想道德修养与法律基础”课程的教育教学过程中，需要重视学生的是非判断与价值引导。在多年的教育教学探索中，广东药学院的思想政治理论课教师通过实践教学途径，运用参与、互动教学方法，引导学生积极主动投入教学过程中，充分发挥学生学习的主体性，彰显思想政治教育的实践作用，实现学生与社会、教师以及学生之间的多向互动与交流，以求达到理论和实际相结合，增强课程教育教学的针对性与实效性的目的。

经过多年教育教学实践的探索，广东药学院的思想政治理论课教师在完成《面向社会，实践育人——高校思想政治理论课实践教学探索》专著的基础上，近来又将其姐妹篇《思想道德修养与法律基础课实践教学活动指导》一书付梓出版。这是一本对“思想道德修养与法律基础”课程的实践教学活动进行系统规划和分类指导的教学用书，它的出版对于高校“思想道德修养与法律基础”课实践教学的深入研究和开展，有着重要的理论价值和实践意义。

《思想道德修养与法律基础课实践教学活动指导》一书的出版，凝聚着广东药学院“思想道德修养与法律基础”课教学团队的集体智慧和辛勤劳动，是多年来持续不断进行“思想道德修养与法律基础”课程教育教学研究和改革的成果，也是该校大学生参与思想政治理论课教育教学活动效果的结晶。

广东药学院的“思想道德修养与法律基础”课是广东省教育厅思想政治理论课优质建设课程之一，也是广东药学院的精品课程。近年来在课程负责人吕志教授与教研室主任黄丽春副教授的主持和带领下，该课程建设在各个方面扎实推进，激发了创新思路，形成了宝贵经验，锻炼了富有活力、创造力和凝聚力的教学团队，取得了令人可喜的成绩，受到了同行们的赞誉。其课程建设的特点与成效主要体现在以下方面：

第一，积极进行教学研究和教学改革，探索课内实践教学、课外实践教学和社会实践教学相结合的形式，注重教育教学的多向互动，充分发挥学生学习的主体性，使课内实践教学做到了真正的“动起来”和“活起来”，增强了课程教育教学的感染力，提高了教学的实效性，使课程成为大学生真心喜爱，终身受益的课程。

第二，坚持理论和实践相结合的原则，丰富课堂教学内容，改革教学方法，活跃课堂气氛，形成了具有激励性、启发性、参与性的教育教学特色。据调查了解，“思想道德修养与法律基础”课已成为广东药学院学生最受欢迎的课程之一，在广东高校同类课程建设中具有示范性。

第三，课程教育教学积累了丰富的教学案例，收集了很多的教学素材。任课教师根据课程章节的难点和重点，结合相对应的实践教学活动，建立实用便捷的课程网站，为教育教学互动提供了良好的现实与网络平台。《思想道德修养与法律基础课实践教学活动指导》一书，主要探索了如何在教育教学实践中启发学生认知判断，强化学生生活体验，指导学生养成良好习惯，以达到增强实效的目的。

第四，《思想道德修养与法律基础课实践教学活动指导》一书，体现了教学团队的优化组合与活力，是一支“让党放心，让学生满意”的教师队伍。课程负责人吕志教授被评为全国优秀教师、全国高校思想政治理论课优秀教师，黄丽春副教授是广东药学院职业道德标兵，一支由中青年教师组成的高学历、高素质的教学团队已初步形成。近年来，他们主持省、部、厅、校级各类科研课题20余项，发表论文40余篇，先后获得教育部、广东省和广东药学院等各类教学成果奖多项，产生了积极广泛的社会影响。

《思想道德修养与法律基础课实践教学活动指导》一书的出版倾注了课程教学团队的心血，是长期进行教学改革和实践探索的结晶，体现了教师们改革的勇气和奉献的精神。应当看到，随着形势的发展和我国改革开放、社会主义现代化建设的快速推进，思想政治理论课教育教学不断面临着新情况、新问题需要解决，我真诚地期待同行们，在已经取得教育教学可喜成果的基础上，将“思想道德修养与法律基础”课实践教学的改革进一步向前推进，为全国高校“思想道德修养与法律基础”课的实践教学活动的深入探索和可持续发展作出更大的贡献。

全国高校思想政治教育研究会副会长
广东省高校思想政治教育研究会会长
中山大学博士生导师、教授
郑永廷
2011年7月3日

目　录

目 录

绪 论

珍惜大学生活　开拓新的境界

——大学生活适应行为训练

人生像攀登一座山，而找山寻路，却是一种学习的过程，我们应当在这过程中，学习笃定、冷静，学习如何从慌乱中找到生机。

——席慕容

正确的道路是这样：吸取你的前辈所做的一切，然后再往前走。

——列夫·托尔斯泰

真正的友谊是一种缓慢生长的植物，必须经历并顶得往逆境的冲击，才值得友谊这个称号。

——华盛顿

人类本性最深的需要是渴望得到别人的欣赏。

——威廉·詹姆斯

一、主题探讨

【实践活动设计思路】

进入大学学习，是人生道路的新起点。面对大学生活的新特点、学习环境的新变化以及人际关系的新要求，如何顺应学生成长成才规律，顺利进行角色转换，是每一个大学生面临的新问题。为此，大学生进入大学面临的首要问题就是要尽快适应大学生活，顺利地实现从中学生到大学生的角色转变。其中，生活自理、生活环境适应、学习方法的调整、新的大学生活目标的确定、学业生涯的规划等是不容回避的问题。

本章实践教学围绕“我的大学生活适应与规划”展开，设计了以“大学学习适应行为训练”“人际交往适应行为训练”为主题的训练方案，旨在从认识大学生活的特点、提高独立生活的能力、树立新的学习理念、提高人际交往能力、健全心理与人格等方面帮助大学新生尽快适应大学生活；并从认识当代大学生的历史使命、明确当代大学生的成才目标、塑造当代大学生的崭新形象等方面启发大学生做好自己的大学规划，开拓人生新境界。

【知识链接】

★何谓“适应”

适应是一个人通过不断调整自身，使其个人需要能够在环境中得到满足的过程。适应也是自我与环境和谐统一的一种良好的生存状态。从总体上说，人与环境的适应通过两种途径来实现：一种是人自身作出改变，另一种是环境改变。大多数的时候，人与环境的适应，要求人自身作出调节，适应既定的环境。

★什么是良好适应

就主体来说，个体的需求已获得满足，紧张情绪也已消除，其需求—行动—目标的过程是顺利的；就社会来说，个体需求的满足方法是社会所认可的。适应只有良与不良之分，没有能与不能之别。

★人生就是一个不断适应的过程

适应就是平衡，适应就是发展，适应就是成长，大学新生适应问题是一个正常的人生课题，一般的新生适应包括生活环境适应、学习环境适应、人际环境适应与心理适应等四个方面。

★何谓“人际关系”

想知道什么叫人际关系，首先要了解什么是人际交往。人际交往是指人与人之间交流思想、沟通感情、传递信息的互动过程。而人际关系是指在交往基础上形成的一种心理关系，表现为亲近、疏远、友好、敌对等人与人之间心理上的距离，反映着人们寻求爱与归宿等需要满足程度的心理状态。

★人际关系对于大学生成才的重要意义

每个人的成长都离不开与人交往，良好的人际关系可以促进大学生的身心健康，提高大学生学习的积极性，有助于大学生的信息沟通。同时，良好的人际关系可以促进大学生正确认识自我，有助于完善大学生的个性。

★待人处世的三大基本原则

待人处世的第一大原则就是不要批评、责怪或抱怨他人。与人相处的最大秘密就是真诚地赞赏他人，这是待人处世的第二大原则。天底下只有一个方法可以影响他人，就是提出他们的需要，并且让他们知道怎样去获得。因此待人处世的第三大原则就是激发他人的急切需求。

★使人喜欢你的六种途径

对他人真正充满兴趣，做到这一点你就处处受人欢迎；给人良好第一印象的简单办法就是保持微笑；记住他人的姓名，这对他来说是任何语言中最甜蜜、最重要的声音；成为一位良好交谈者的简单办法就是做一个善听之人，鼓励别人谈论他们自己；与人沟通的诀窍就是讨论别人感兴趣的话题；让他人感到重要，而且真诚而为，能让人即刻喜欢你。

二、活动主题及训练过程

活动主题（一） 迈开大学第一步

1. 活动目的

（1）通过建立团队，使学生在团队活动中学会竞争与合作，树立团队意识，增强责任感。

（2）通过活动，使学生主动去认识他人，展示自我，迈出大学生活的第一步。

2. 活动内容

（1）活动名称：建立团队

规则：按学号顺序，每班建立 5 个团队，每个团队在12人左右，设大队长一名。每个团队以后上课都要坐在一起，方便交流与合作。

交流：选派一名团队成员汇报你们团队暂定的队名和口号。

你们团队的队名是________________________

你们团队的口号是________________________

你认为队名和口号对团队有何帮助呢？

你们团队的特色是________________________

思考：你认为团队建设成功的秘诀是什么？

（2）活动名称：微笑握手

准备：播放背景音乐《我和你》。

规则：请每位同学尽可能地和陌生同学握手，要求目光注视他人，面带微笑，道一声“您好”。主动认识3位陌生同学，话题可以围绕对方的姓名、家乡、兴趣展开。

交流：你认识的新朋友。

姓名________家乡____________兴趣爱好____________

姓名________家乡____________兴趣爱好____________

姓名________家乡____________兴趣爱好____________

思考：①你是如何认识这些同学的？

②分析一些同学认识陌生同学的办法及不足的原因，思考应如何改进？

③与陌生人交往如何取得较好效果？

④如何寻找共同话题？

⑤你有何新发现？

（3）活动名称：当我刚入大学时

操作：根据全班人数，每8人一个小组，分成若干个小组。请组员谈谈刚上大学后的不适应情绪，然后全班分享。同时运用“脑力激荡”讨论法，找出尽快适应大学生活的途径与方法。

交流：请各小组选派一名代表，向全体同学报告小组讨论的意见。然后根据各小组的讨论结果，看哪个小组办法最多，评选优胜组。

思考：①小组中其他同学与你有共同的不适应情绪吗？

②通过讨论你找到了最适合自己的适应方法或途径吗？

3. 与你分享

★心理适应性自测

为了帮助你了解心理适应能力，我们选用了陈会昌编制的心理适应性测量表，它包括20道题，每道题后有5种选择的答案。具体做法：在阅读每道题后，从答案中选择符合你实际情况的一个答案。

（1）把每次考试的试卷拿到一个安安静静、无人监考的房间去做，我的成绩一定会好一些。

（很对　对　无所谓　不对　很不对）

（2）夜间走路，我能比别人看得更清楚。

（是　好像是　不知道　好像不是　不是）

（3）每次离开家到一个新地方去，我总爱闹点毛病，如失眠、拉肚子、皮肤过敏等。

（完全对 有些对 不知道 不太对 不对）

（4）我在正式运动会上取得的成绩比体育课或平时练习成绩好些。

（是 似乎是 吃不准 似乎不是 正相反）

（5）我每次明明把课文背得滚瓜烂熟了，可在课堂上背的时候，却总要出点差错。

（经常如此 有时如此 吃不准 很少这样 没有这种情况）

（6）到我发言时，我似乎比别人更镇定，发言也显得很自然。

（对 有些对 不知道 不太对 正相反）

（7）我冬天比别人更怕冷，夏天比别人更怕热。

（是 好像是 不知道 好像不是 不是）

（8）在嘈杂、混乱的环境里，我仍能集中精力地去学习、工作，效率并不会大幅度降低。

（对 略对 吃不准 有些不对 不对）

（9）每次体检时，医生都说我"心跳过速"，其实平时我脉搏很正常。

（是 有时是 时有时无 很少 根本没有）

（10）如果需要的话，我可以熬一个通宵，精力充沛地学习或工作。

（完全同意 有些同意 无所谓 不太同意 不同意）

（11）当父母或兄弟姐妹的朋友来家做客时，我尽量回避他们。

（是 有时是 时有时无 很少 根本没有）

（12）出门在外，虽然吃饭、睡觉、环境等变化很大，可是我很快就能习惯了。

（是 有时是 是与否之间 很少是 完全不是）

（13）参加各种比赛时，赛场上越热烈，群众越加油，我的成绩反而越上不去。

（是 有时是 是与否之间 很少是 完全不是）

（14）上课回答问题或开会发言时，我能镇定自若地把事先想好的一切都说出来。

（对 略对 对与不对之间 略不对 不对）

（15）我觉得一个人做事比大家一起干效率高些，所以我愿意一个人做事。

（是 好像是 是与否之间 好像不是 不是）

（16）为了求得和睦相处，我常常放弃自己的意见，附和大家。

（是 有时是 是与否之间 很少是 不是）

（17）当着众人或陌生人的面，我感到窘迫。

（是 有时是 是与否之间 很少是 不是）

（18）无论情况多么紧迫，我都能注意到该注意的细节，不丢三落四。

（对　略对　对与不对之间　略不对　不对）

（19）和别人争吵起来时，我常常哑口无言，事后才想起该怎样反驳对方，可是已经晚了。

（是　有时是　是与否之间　很少是　不是）

（20）我每次参加正式考核或考试的成绩，往往比平时好些。

（是　有时是　是与否之间　很少是　不是）

记分方法：凡单号题（1，3，5，…），从第一到第五种答案依次记1，2，3，4，5分；凡双号题（2，4，6，…），从第一到第五种答案依次记5，4，3，2，1分。

得分之和与心理适应能力的关系：81～100分，适应能力很强；61～80分，适应能力强；41～60分，适应能力一般；21～40分，适应能力较差；0～20分，适应能力很弱。

4. 心灵感悟

写下你的体会吧！____

____

____

____

____

____

活动主题（二）　走进大学新生活

1. 活动目的

（1）尽快认识大学新环境，建立班级团体意识。

（2）了解大学的学习与生活，初步规划大学生活，确立新的人生目标。

2. 活动内容

（1）活动名称：进大学“五个最”

准备：纸、笔。

操作：教师指导学生完成进入大学后“五个最”的练习表。

进入大学后

我最满意的是____

我最高兴的是________________________________

我最关心的是________________________________

我最担心的是________________________________

我最想做的是________________________________

交流：请同学们将自己所写的“五个最”互相一一分享，可以发现哪些感受是共同的，哪些同学有不同的感受，自己从同学们的分享中又有什么新的体会。

思考：①自己对大学生活的感受是积极的还是消极的？

②自己对大学生活的未来有什么新的规划？

（2）活动名称：大学生活拼图

操作：教师先介绍大学生活拼图，帮助大学生了解大学生活所要规划的项目，请同学们将自己的规划逐一填进表格中。

大学生活拼图

课程学习	专业发展	人际关系
个人情感	身心健康	休闲生活
自我成长	社团工作	兼职工作

交流：请同学将自己所填的大学生活拼图与其他同学交流，看看自己的拼图与别人的拼图有什么不一样，别人的拼图是否有可借鉴的地方。

思考：①自己对大学生活的规划是否合理？是否有可操作性？

②自己该如何实现这些规划？

③自己有哪些缺点或不足可能阻碍大学生活规划的实现？

（3）活动名称：我的“五把金钥匙”

操作：教师讲解活动内容，请同学们思考并写出在认识大学、适应大学生活的过程中，自己有哪些优势和特长，找到适应大学生活的五把金钥匙。

交流：同学们把自己写的五把金钥匙与全班同学交流分享，认识并了解别人有哪些金钥匙。

思考：①找到适应大学生活的金钥匙后是否对自己更有信心了？

②别人的金钥匙怎样才能成为自己的金钥匙？

③是否还有没找到的金钥匙？

（4）活动名称：我的学习“金三角”

操作：教师讲解活动内容，并请同学们填写自己的学习“金三角”。

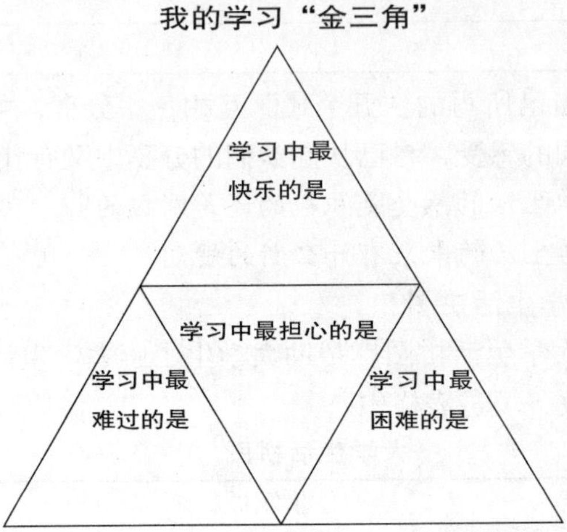

交流：将自己的学习“金三角”与其他同学交流，发现同学们在学习中有哪些共同的困难，从与他人的交流中学会如何解决学习中的问题。

思考：①大学的学习生活与中学有什么不同？

②大学的学习方式是什么？

③自身有哪些缺点导致不适应大学的学习模式？

3. 与你分享

★列出你一生的志愿

英国有一位名叫约翰·戈达德的人，在15岁的时候，把一生想干的事情列成一张表，题名为《一生的志愿》。打开志愿表，我们可以看到这些内容：到尼罗河、亚马逊河和刚果探险，登上珠穆朗玛峰、乞力马扎罗山和麦特荷思山，驾驭大象、骆驼、鸵鸟和野马，探访马可·波罗和亚历山大一世走过的道路，主演一部《人猿泰山》那样的电影……一共127个志愿，他为每一个目标都编了号。

经过几十年的努力奋斗，他已经实现了其中的106个志愿！因此，他被当选为英国皇家地理学会的会员、纽约探险家俱乐部的成员。可以想象得出，在他有生之年，127个志愿全部都有实现的可能。

每个人对自己的未来都会有这样那样的志愿，将来做一个什么样的人？准备干哪些大事情？希望实现哪些心中的理想？光有这些志愿还不够，还要把它们写在纸上，以便于在行动上努力实现。

在志愿表中，不仅要把志愿列出来，而且要把实现志愿的方法、步骤写出来，定出一个时间表，防止志愿表被束之高阁，志愿落空。

4. 心灵感悟

写下你的体会吧！____

____

____

____

____

____

活动主题（三） 赞美、感恩与倾听

1. 活动目的

（1）学习发现别人的优点并欣赏之，促进相互肯定与接纳。

（2）学会倾听、尊重与接纳他人，提高人际交往能力。

2. 活动内容

（1）活动名称：赞美和感恩

准备：纸、笔。

操作：请每位同学完成下列句子。

①我喜欢自己是因为自己已具备的人品是________________________

②我称赞自己上大学以来完成的最得意的一件事是________________

③我欣赏上大学以来的××老师是因为________________________

④我感谢你(同班同学)的一件事是因为________________________

⑤我欣赏你是因为____________________________________

交流：依次请3位同学上台，交流以上句子的内容，并分享自己的感受和体会。

思考：如何做一个懂得鼓励自己和欣赏别人的人？

（2）活动名称："优点轰炸"

准备：用纸折成一个高帽子。

操作：每个团队围圈坐，请一位成员坐在团队中央，其他人轮流说出他的优点及值得欣赏之处（如性格、相貌、处事等）。被称赞的成员说出哪些优点是自己以前察觉到的，哪些是自己不知道的。每位成员到团队中央戴一次高帽。规则是必须说优点，态度要真诚，努力去发现他人的长处，不能毫无根据地吹捧，这样反而会伤害别人。

交流：请一位同学上台分享被人称赞时的感受，并请另外一位同学分享称赞别人时的感受及倾听在对话中的作用。

思考：①怎样发现他人的长处？

②如何做一个乐于欣赏他人的人？

③怎样做到认真地倾听？

3. 与你分享

★ 批评的智慧

人皆有过，被批评或批评别人在所难免。但若方法不当，既达不到目的，又伤害彼此的关系。批评的智慧体现在以下方面：

（1）从称赞和诚恳入手。先诚恳地称赞别人的长处，再指出不是，这比一针见血的批评更有效。

（2）间接地提醒别人的错误。用间接的方式提醒会使人因觉得有面子而乐于接受意见，比直截了当好。

（3）先谈自己的错误。当与别人发生误会而双方都有责任时，最好先说自己的错误，然后再指出别人的错误。

（4）提问而不是下命令。态度要诚恳，比如可以这样说："你觉得这样做行吗？"

（5）勇于接受批评。当别人善意批评我们时，要勇于接受，这样才能使自己进步。

★倾听——做你心灵的耳朵

（1）谈话不仅仅是听听而已，还要借助各种技巧，真正听出他人所讲的事实、所体验的情感、所持有的态度。不过，倾听的习惯和态度比倾听的技巧和技术更重要。因为在现实生活中，许多人习惯于说而不习惯于听。

（2）在倾听时，经常使用"什么""怎样""为什么"等词语发问，让其对有关问题、事件作出较为详尽的反应，这就是开放性提问，这样的提问

会引出当事人对某些问题、思想、情感等的详细说明。要注意提问的方式、语调，不能太生硬或随意。此环节的误区有急于下结论；轻视问题，不认真听；干扰、转移、中断话题，对话题作道德或是非的评判；不适当地运用参与技巧，如询问过多、概述过多、重复啰唆等。

（3）封闭性的提问，可以收集信息、澄清事实真相、验证结论与推测、缩小讨论范围、适当中止叙述等。还要善于运用鼓励和重复语句，如“嗯”“讲下去”“还有吗”等来强化其叙述的内容，并鼓励其进一步讲述。重复叙述中的某些话语或内容，是鼓励对方的一种主要方法。

4. 心灵感悟

写下你的体会吧！____

____

____

____

____

____

活动主题（四）　沟通、合作与信任

1. 活动目的

（1）通过测试，了解自我，理解他人，学会与人沟通与合作。

（2）培养团队成员之间相互信任，相互鼓励与支持，增强团队合作精神。

2. 活动内容

（1）活动名称：人格个性类型测试

准备：人格个性类型测试量表。

测试：每位同学准备纸和笔完成人格个性测试量表（40道题），并统计分数，找出自己的人格个性类型，然后按四种人格个性类型重新安排座位，同一种类型的人坐在一起。

交流：四种人格个性类型的人轮流说出自己人格个性中的优点和缺点，然后教师作总结，给出四种人格个性类型的人的典型特征。

经过测试，你发现你是________型的人。

你觉得你自己有哪些性格特征：

优点：______________________________

缺点：______________________________

思考：①测出的结果与你自己的人格个性是否基本符合？

②如何与不同人格个性类型的人合作完成本学期的团队任务？

把自己的性格特征与老师给出的该人格个性类型的性格特征对比，你有何感想？

附：人格个性类型测试量表

测试步骤：

一、阅读以下40个命题，将符合你个人情况的命题标出（注意：不要在一个问题上拖延太久，根据自己的第一反应或第一印象作出判断即可；不符合你个人情况的命题不需要标出）。

二、将符合你个人情况的命题进行同类合并（具体方法：分别将你标出的所有M，S，C，P后的数字相加，并将相加后的数分别填写在测试量表下面对应字母的空白处）。

S—1．人们说我非常友好。

M—2．我只有几个朋友，但我们的关系非常密切。

C—3．我是天生的领导者。

P—4．我节省，不乱花钱。

S—5．我享受生活。

M—6．我喜欢每个细节都完美。

M—7．我情绪不定，常在早上起床后不知今天会是什么情绪。

M—8．我发觉自己很容易批评人与事。

C—9．我容易生气。

P—10．我难以作出决定。

P—11．事情很少能使我生气与不安。

S—12．和一群人在一起时我喜欢讲生动的故事。

S—13．有人说我不太靠得住。

M—14．我很自律。

C—15．有人说我冷漠无情。

C—16．我果断。

P—17．我幽默风趣。

P—18．我喜欢闲庭漫步或无所事事。

S—19. 我不是很有组织纪律性。

P—20. 我更喜欢旁观而不是参与。

C—21. 我发现自己难以宽恕别人。

C—22. 我在短时间内能做许多事情。

S—23. 有人说只要有我的场合就会热闹。

M—24. 我易于忧郁和悲观。

P—25. 我做什么事都不是特别地积极、主动。

P—26. 我非常有耐心。

S—27. 我爱说话。

M—28. 我不喜欢大的聚会，只愿意与几个亲密的朋友在一起。

S—29. 我是个热情的人。

C—30. 有人说我是一个非常勇敢的冒险者。

C—31. 我对事情有清楚的看法。

P—32. 我喜欢睡觉。

C—33. 我喜欢掌控局势与事态。

M—34. 我不擅长交朋友。

M—35. 我非常喜欢艺术，因为艺术能反映我的心灵追求。

S—36. 我爱每一个人。

C—37. 我非常自信。

M—38. 我常感觉别人不喜欢我。

S—39. 我花钱很大方。

P—40. 我常感到很累。

S（乐天型或活泼型）________ C（急躁型或力量型）________

M（忧郁型或完美型）________ P（冷静型或平和型）________

（2）活动名称：角色扮演

形式：每个团队派一名代表（可以是队长本人，也可以是团队成员）来扮演队长，以爱国主义授课比赛为例，要求扮演者现场分配与落实这次团队任务，其他团队同学仔细观察。

交流：请扮演者交流自己的感受与体会，并请其他同学谈谈这些扮演者在这次扮演活动中的表现。

思考：①扮演者在分配任务过程中遇到什么困难？为什么会出现这样的困难？应如何改进？

②作为队长或领导者，应如何充分调动队员的积极性，使团队效能得到最大限度的发挥？

（3）活动名称：同舟共济

准备：数张大小一样的报纸。

规则：将报纸平铺在地下作为一只船，全组同学都设法站在船上。成功之后将报纸对折，缩小船的面积，再尝试让全组同学站上去。各组开动脑筋，最后以报纸对折次数最多、成功站在面积最小的船上的小组为优胜。

交流：请各组同学谈谈全组同学相互配合、同舟共济的感受，体会什么样的形式的配合最有效率。

思考：成功完成这项活动的关键是什么？

3. 与你分享

★沟通技巧之一——同理与同情

（1）同理（empathy）是指与人沟通时，先不作任何价值或道德伦理判断，用中立的态度和理解的眼光去“看”对方的世界：角色、思想、经验、行为、感受，并将理解到的告诉对方，让对方知道“我理解你”“我明白你”。就是要让沟通的对方觉得“你”与“他”是站在一起的，你可以思考他所想的，陪伴与支持他所感受的。

同理这种沟通的技巧会使对方产生“有人了解我，我不再孤独”，有被接受的感觉。这样在沟通中，才能开放自我、分享自我。

（2）同理和同情都是理解别人的能力，它们的区别在于：同理是不失去自己的立场（不必须同意对方）的行为和看法的一种状态；同情是暂时失去理性和立场，陷入对方的情景之中形成的一种为他人而存在、为他人而感受、为他人而思考的状态。人没有同情心，很难同理别人，对人的了解很难进入深度；但人仅有同情心，就会失去自我和客观理性的立场，导致受情绪主导而难以作出正确的行为选择。

★沟通技巧之二——真实与真诚

（1）真诚与真实是人自然、不做作、能听别人意见（但不一定同意）的状态。真诚是一种态度，真实是一种自我的表达。没有真诚，就没有真实。人与人沟通时，只有真实地、真诚地分享自我，对方才会真实自在地呈现他自己，这样的交流才会坦诚与自在。不能真诚与真实地沟通，就会给人留下虚伪、做作或逃避的印象。

（2）会与人沟通的人，是了解自我、会聆听自我、同理自我的人。他们基本的人生理念是真诚地活出自我又放下自我，既不自卑又不自负。会与人沟通的人，是对别人有较强理解力的人。会与人沟通的人，在与人沟通时，能够做到在意别人，会用身体和心灵去体会别人，同时在需要时客观地表达自己的感受。

4. 心灵感悟

写下你的体会吧！

三、我写我做

【身体力行】

★相互“吹捧”

提示：不是缺少美好的东西，而是缺少发现的眼睛。用一天或更长的时间，约束自己不挑剔同伴的缺点，发现对方的优点。

★多听少说

提示：上帝给我们两个耳朵一张嘴巴，也许是让我们多听少说。试着不要打断别人的谈话，当别人说完后，先重复对方的意思（如“你是说……”），再作出你的应答。交谈时，少一些主观评判性的回应（如“简直是疯话”……），多一些客观描述性的回应（如“你的声音有点沙哑”……）。

★交往反思

提示：回忆自己最愉快的交往经历，体验成功的快乐，并对成功的交往方式和技巧进行分析。

★我的成才目标和奋斗计划

一次，研究人员向参与调查的学生们问了这样一个问题：“你们有目标吗？”10%的学生确认他们有目标。然后研究人员又问了学生们第二个问题：“如果你们有目标，那么你们是否把自己的目标写下来了呢？”这次，只有4%的学生的回答是肯定的。

20年后，当耶鲁大学的研究人员在世界各地追访当年参与调查的学生们的时候，他们发现，当年白纸黑字把自己的人生目标写下来的那些人，无论从事业发展还是生活水平上说，都远远超过了另外那些没有这样做的同龄人。这4%的人所拥有的财富居然超过了其他人的总和。

提示：给自己订一个成才计划和奋斗目标吧，别忘了要和时代的发展与要求结合起来哟!

【活动周记】

提示：大学生活是人生的重要一步，应尽快适应大学生活，确立新的人生目标。请从大学生活的特点出发，把自己从入学以来在独立生活、学习理念、人际交往及健全心理和人格方面的思考、体验和改进写成800字的短文。

第一章
追求远大理想　坚定崇高信念
——生涯规划行为训练

每一个人都是他自己命运的设计师。

——拉丁格言

在每个人的灵魂深处都有各自非常渴求的东西，你所渴求的东西正是你人生的使命。每一个人都有机会把来到世界上的一件事做到至真至美，你会发现你能做好的就是一件事情，人生就是为这件大事而来！

——樊富珉

一、主题探讨

【实践活动设计思路】

“理想”对于我们来说，是一个耳熟能详的词。它作为一种精神现象，是指人们在实践中形成的、有可能实现的对未来社会和自身发展的向往和追求，是人们的世界观、人生观和价值观在奋斗目标上的集中体现，是人生的精神支柱和力量源泉。但要实现理想的作用需要把握理想的实践性。一方面，要认识到理想是在社会实践中产生的，人的理想不能脱离社会现实，脱离社会现实的理想就会变成空想和幻想。另一方面，实践是从现实到达理想的桥梁和纽带，理想可以通过实践转化为现实。因此，在大学时代这个确立人生理想的重要时期，每个有作为的青年学生都要面对确立人生理想并把理想变为现实的重大课题。许多大学生由于自我成长过程中的局限，往往不太知道自己想要干什么，不太知道自己能干什么，不太知道现在应该做什么，不太知道是就业还是考研，不太了解社会需要什么样的人，不太了解自己应学何专业，适合于干什么，大多处于过渡期、尝试期。于是更需要从对职业理想的追求出发，理清职业发展方向，建立暂定的职业目标，以引导后续的职业探索，完成具体的职业规划与准备，在实现自身价值的同时较好地规划和安排自己的一生。

本章实践活动正是根据理想的实践性和大学生自我成长的特点，以生涯发展为主线，兼顾具体的职业理想的选择问题。一方面，从系统自我探索开始，我是什么样的人，适合做什么样的事；我的特长是什么；我的个性特征适合什么样的工作等，从自我探索的形式了解自我；用一些测量工具测试自己的性格和气质，通过价值观选择了解自己的价值取向。另一方面，通过职场分析，了解社会对人才的需求，再进行生涯的选择与评估，学会作出抉择，重塑生涯计划，化目标为行动。

【知识链接】

★理想对大学生的人生成长、成才意义重大

理想作为人生的奋斗目标，能使有限的人生充满意义和价值。它作为人的精神生活的核心内容，是人的主观能动性的体现，是人自觉存在与发展的表现，能够充实人的精神生活，提高人的精神境界。一旦形成坚定的人生理想后，就会变成人们自觉行为的动机，以惊人的毅力和不懈的努力成就事业，创造奇迹。

★何谓生涯规划

生涯一词由来已久。“生”原意为活着，“涯”为边际，合起来就是终其一生的意思。目前大多数读者所接受的生涯定义来自舒伯（Super）的论点：生涯是生活中各种事件的演进方向和历程，它统合了人的一生的各种职业和生活角色，由此表现出个人独特的自我发展形态。所以生涯可以理解为介于生命和职业之间的概念，具有丰富的内涵与特性——独特性、终身性、发展性。简单地说，生涯规划就是面对未来的岁月，做好构思与有所安排，也是针对未来所预期的目标，配合时间的先后，加以有效处理的过程。因此一个人对自己的一生做好计划，进行周密的考虑，决定好自我奋斗的目标与方向即为生涯规划。

二、活动主题及训练过程

活动主题（一） 系统探索自我

活动A：做一个小测验并绘制生涯彩虹图

1. 活动目的

（1）唤醒生涯责任意识，认识进行生涯规划的重要性。

（2）帮助学生了解人生具有丰富的内涵，职业只是人生的一部分，而非全部的理念。

2. 活动准备

蜡笔和纸 。

3. 活动内容

首先，请你做一个测验，它可以帮助你了解自己对人生事业发展规划的认识程度。

测验共有10个项目，如果项目所描述的情况与你的实际相符，就请你在其后的括号内填上“是”；如果项目所描述的情况与你的实际不相符，就请你在其后的括号内填上 “否”。

（1）我常常想到自己未来要干些什么。（ ）

（2）我知道自己想要从工作中得到什么。（ ）

（3）我知道自己的人生目标在哪里。（ ）

（4）我了解自己的性格适合做哪些工作。（ ）

（5）我知道如何实现自己的人生价值。（ ）

（6）我认为事业是人生所必需的。（ ）

（7）我一直在朝着自己的目标努力。（ ）

（8）我认为在大学期间应该好好规划自己的人生发展方向。（ ）

（9）我了解自己的兴趣和特长。（ ）

（10）我知道自己离所喜欢的职业的要求还有哪些差距。（ ）

你填“是”的项目越多，则说明你对人生事业发展规划的认识越成熟。你还可以在本章学完后进行这个测验，看看测验的结果是否不同。

其次，请你着手彩绘自己的“生涯彩虹图”，并在课室中分享和讨论。请将每一个角色光谱填写在“生涯彩虹图”的中间，每一个光谱圈代表一个角色，按照不同时期各个角色，如学生、社会成员、工作者、休闲者、家庭角色等重要角色与分量，用粗细深浅的线条涂在各个角色光谱上，代表在不同时间需要对不同角色付出的心力和时间。角色的重要性或分量的急剧变化则可以用光圈粗细的明显改变来表示。

最后，交流讨论：

①根据测试谈谈自己对实施大学生人生事业发展规划的认识。

②画完“生涯彩虹图”后分析：在“生涯彩虹图”里有没有哪些时间段涂得太黑或哪些时间段的空白太多？是不是意味着在规划中，这些时段太忙或过于空洞，要不要再作些调整？对自己的这幅“生涯彩虹图”有何想法，可在课堂中分享或讨论。

思考：在以上探索活动中你最大的收获是什么？

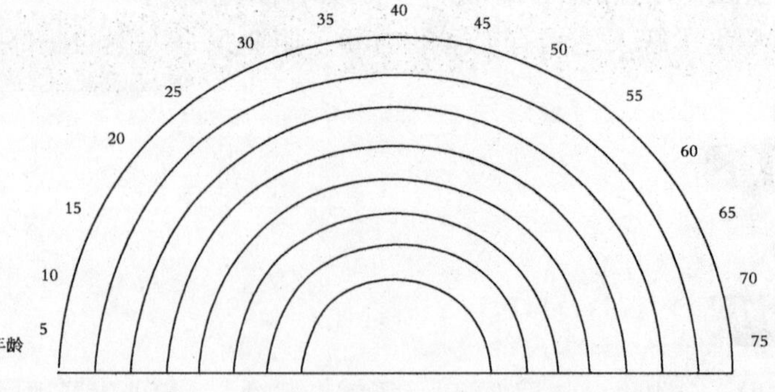

______（你的姓名）的生涯彩虹图

4. 与你分享

生涯规划是现代人必修的人生课题。它是一个周而复始的历程。在不断地探索追寻中，每个人最终都会发现他是自己命运的设计师。

假如你是一位旅行家，可以用自己的步调和频率走到任何你想去的地方。你会选择什么目的地？出发前，你会做哪些准备？你会选择走哪条路到达目的地？你为什么会做这样的选择？这些问题，是你进行生涯规划时首要思考的问题。目的地，就是一个人的愿望、使命和目标。起点，则是一个人的现状和资源。道路，是生涯发展时的路径。为什么，则是追寻自己生命意义的敲门砖。真正的生涯规划应该是让自己更了解自己，充实自己，减少不必要的限制和障碍，让自己的未来可以拥有更多选择的自由，并且为自己负起选择的责任。

便捷的生涯规划法与系统化的生涯规划法：

生涯规划的过程，也和旅游类似。初次上路的新手，常受外界因素的影响，边走边看，我们称之为“便捷的生涯规划法”。这种生涯规划法往往是以自己的兴趣为主轴的生涯发展，通常在不久后，就会使人陷入困境，疲惫不堪。在这种困惑的时刻，若能改为采用“系统化的生涯规划法”，重新思考自己的方向，制定一个切实可行的行动计划并认真实践，则有机会化危机为转机。

便捷的生涯规划法可以归纳为以下几种：

（1）自然发生法：不少学生在高考填志愿时并未仔细考虑自己的爱好、兴趣，只要找到分数所能录取的学校和专业便草草地填下了自己所报的专业和学校。

（2）目前趋势法：跟随现在的市场潮流，盲目投入新兴的热门行业。

（3）最少努力法：选择最容易的专业或技术，但祈求最好的结果。

（4）刻板印象法：以性别、年龄、社会地位等刻板印象来选择工作——男性应干什么，女性较适合干什么。

（5）橱窗游走法：人才市场有什么，走马观花先浏览一番，再选择最顺眼的工作。

（6）他人决定法：中国社会，讲求人伦社群。听从师长这一观念一直影响着我们的行为。即使是在现代，许多人在思考自己的未来时，还是会不知不觉地把它交给别人来决定。这些人包括父母、朋友、老师和社会。

便捷的生涯规划法的优点是省时省力，不用花费太多的心思，在短时间内的效率很高。缺点是无法根据个人的能力特性制定长远规划。

系统化的生涯规划法弥补了便捷的生涯规划法的缺陷，以工作为主轴从情感经营和自我成长的层面帮助你认识自己的特质及价值，帮助你认识工作世界的现状和趋势，帮助你找到可以实现自己目标的途径，帮助你了解工作只是你人生的一部分，而非全部。

系统化的生涯规划法包括以下七个步骤：

（1）觉醒和承诺。

事实证明设定了目标才能达到目的，因此我们必须向内心寻求，去明确自己想成为什么样的人、想做什么样的人以及想拥有什么样的生活。在这个阶段，你已觉悟到生涯规划的重要性，并且愿意花上一段时间来规划自己的生涯。但不管如何，在这个过程中，对自己的耐心和爱心是不可或缺的。因此在长期的追寻摸索的过程中，你需要给自己一个承诺：为了自己的幸福，我会全力以赴，即使一时不如人愿，我也能善待自己，不放弃自己，让自己边调整边积累资源。

（2）设定方向。

有时我们会害怕自己是否去对了地方或在旅程中我们发现原先设定的方向不是自己想去的地方，那么我们永远会有机会修正。相反，若一直让恐惧、焦虑占据自己，不敢出发，就会错失了绽放的时机。因此，给自己一点时间，在夜深人静的时候，倾听自己的呼唤；或是凭着过去的经验，选定一个方向，满怀好奇心和勇气去行动。

（3）认识自己。

系统化生涯规划是一个从内而外的过程，因此在制定生涯规划时要认识自己，问自己：我是谁？我的兴趣是什么？我生命中不可或缺的东西是什么？我的性格特质是哪些？我有哪些优缺点？我有哪些技能是可以维生的？你可以通过各种方式来发现自己的这六大部分，借助各种测验来了解自己的兴趣与性格，从人际互动中了解自己的能力，也可从和自己的对话中了解自己的价值观。

（4）认识工作世界。

除了要清楚地认识到自己身处的政治、经济、社会和文化环境，还要了解职业的分类和内容、各类职业所需的技能、各类职业所需的人格特征、各类职业的报酬等。

（5）确立目标。

在了解自我、认识工作世界后，要整合各种因素，并评估其可行性，在修订方向后定出一个方案。这个过程是一个生涯决策的过程。

（6）付诸行动。

在行动中积累自己的资源是这个步骤的重点。在一定时间里我们应该有一个核心目标，即在一段时间里行动围绕的核心，并使目标以视觉化、语言化、文字化等方式在头脑中生根发芽。总之，我们必须付出切实的行动，这样才能真实地拥有目标。具体来说，一要不断检查目标并加以完善；二要不断超越目标；三要决心实现目标。坚持意味着我们要学会延迟满足，下定决心，满怀热情，不安于现状或半途而废。

（7）评估反馈。

生涯规划的最后一步，是评估实行的效果，不断从反馈中修正自己的航道。

5. 心灵感悟

写下你的体会吧！________________________________

____

____

____

____

____

活动B：自我探索图

1. 活动目的

（1）认识并接纳自我，对自己的人生作出评估，理解千差万别的人生经历。

（2）初步了解自己的性格、价值观，为确立自己的人生方向打下基础。

2. 活动准备

（1）真诚地面对自己，适度地开放自己。

（2）认真地倾听别人，尊重与接纳他人，不评价，不分析，不指责。

3. 活动内容

（1）操作

看图后回答以下问题：

①你觉得自己目前的状况最像图中的哪个小孩儿？为什么？

②你最欣赏他什么？你最担心他什么？

③你认为他看重的人生观及工作价值观有哪些？为什么？

④你认为改变他的最大障碍是什么？他需要做哪些改变？

（2）交流

请几位同学上台分享刚才写下的东西，并谈谈感受和体会。

思考：在以上探索活动中你最大的收获是什么？

4. 与你分享

人本主义心理学家罗杰斯把自我分为现实自我和理想自我。理想自我代表个体最希望拥有的自我概念、理想概念。现实自我包括已存在的感知、自己意识流的意识，通过对自己体验的无偏见的反应及对自我的客观观察和评价，个人可以认识现实自我。

改变那些不能接受的，接受那些不能改变的，人需要有智慧地把两者区分开来。

5. 心灵感悟

写下你的体会吧！____________________

____

____

____

____

____

活动C：“抓周”团体活动

1. 活动目的

初步了解自己的兴趣和能力，为确立自己的人生职业方向打下基础。

2. 活动准备

扳手、试管、口琴、麦克风、洋囡囡、原子笔。

3. 活动内容

以下有六个象征物：“扳手”“试管”“口琴”“麦克风”“洋囡囡”和“原子笔”。每一个象征物旁边都有一个锦囊，说明象征物的意义和选取者的前途及职业方向。要选哪一个呢？以相同选取者为一个团体，说说该类型性格特点和能力所适合的职业，并分享自己对以下霍兰德职业人格类型理论的体验。

（1）扳手（实用型）

耐劳，有操作机械的能力。喜欢做和物体、机械、工具、动物、植物有关的工作，是勤奋的技术家，如农民、牧者、机械师、电器师、匠人。

（2）试管（研究型）

有数理能力和科学研究精神。喜欢观察、学习、思考、分析和解决问题，是重视客观的科学家，如生物、医学、化学、物理、地质、天文、人类等学家。

（3）原子笔（传统型）

有敏捷的文书和计算能力。喜欢处理文书或数字资料。注意细节，按照指示完成琐碎的事，是谨慎的事务家，如会计师、银行人员、财税专家、文书人员、秘书、资料处理人员。

（4）口琴（艺术型）

有艺术、直觉、创作的能力。喜欢运用想象力和创造力，从事美感的创作，是表现美的艺术家，如作家、音乐家、画家、设计师、演员、舞蹈家。

（5）麦克风（企业型）

有领导和说服他人的能力。喜欢以影响力、说服力和人群互动，追求政治或经济上的成就，是有自信的领导者，如企业家、政治家、法学家。

（6）洋囡囡（社会型）

有教导、宽容及与人友好相处的能力。喜欢与人接触，以教学或协助的方式增加他人的知识、自尊心、幸福感，是教育或社会工作者，如教师、心理治疗学家、辅导员或社会工作人员。

4. 与你分享

霍兰德职业性向测验是美国职业指导专家霍兰德编制的测验，它能帮助被测试者发现和确定自己的职业兴趣和能力专长，从而科学地作出求职择业的决定。

5. 心灵感悟

写下你的体会吧！____________________

____

____

____

____

____

活动D：我的墓志铭

1. 活动目的

促进学生对自我一生的认识和了解，展望和设计自己的人生。

2. 活动准备

（1）印有墓碑图样的白纸，每人一份。

（2）教师应注意引导，打消学生的误解和顾虑，使活动本身带有更为凝重、严肃的色彩。

3. 活动内容

（1）操作：假设现在的你即将离世，要替自己写墓志铭，总结自己的一生。墓志铭将会刻在墓碑上，供人凭吊。墓志铭除了生年、死年外，最低限度要包括以下几点：

A．一生最大的目标；

B．在不同年龄时的成就；

C．对社会、家庭或其他人的贡献；

D．你是一个怎样的人。

请填写下列墓志铭的表格：

（2）交流：请同学把自己的墓志铭与全班分享，并谈谈写完之后的感受。

思考：①在听完大家的墓志铭后，你觉得有哪些人的人生目标吸引你并值得尊重？为什么？

②哪些人的成就是“真正”的成就？为什么？

③你认为对社会或他人最有贡献的人是谁？

④假若你要替自己重写墓志铭，你会怎样写？

4. 与你分享

古今中外，墓志铭都是对一个人人生的写照和评价，是一个人对自我的认识、评价和总结。不同的墓志铭的主人会有不同的性格。写墓志铭给予每人一个机会，一个审视和认识自己的机会。每个人有梦想，都希望自己的有生之年能够做成一些事，能够在自己的墓碑上写上一笔，让后人记住自己的名字。这个游戏给你提供了设计和预见自己人生的机会。

★名人奇趣墓志铭

1. 冯玉祥：“平民生，平民活，不讲美，不讲阔。只求为民，只求为国。旧志不懈，守诚守拙。此志不移，誓死抗倭。尽心尽力，我写我说，咬紧牙关，我便是我，努力努力，一点不错。”

2. 聂耳：“我的耳朵宛如贝壳，思念着大海的涛声。”

3. “37，22，35，R.I.P”是美国影星玛丽莲·梦露的墓志铭，许多人闹不明白这是什么意思，最终这个谜由梦露研究会揭开，这三个数字是梦露的胸围、腰围和臀围的英寸数，缩写字母的意思是在此长眠。死者生前最大的嗜好是爱美，她用数字将自己十分钟爱的形体永久地记录了下来。

4. 英国诗人雪莱的墓志铭是莎士比亚《暴风雪》中的诗句：“他并没有消失什么，不过感受了一次海水的变幻，成了富丽珍奇的瑰宝。”

5. 爱尔兰诗人叶慈的墓志铭是他去世前夕写的一首诗的最后17个字：“对人生，对死亡，给予冷然之一瞥，骑士驰过。”

6. 卢梭：“睡在这里的是一个热爱自然和真理的人。”

7. 贝多芬：“他总是以他自己的一颗人类的善心对待所有的人。”

5. 心灵感悟

写下你的体会吧！____

____

____

____

____

____

活动主题（二） 社会资源的掌握和运用

活动A：我的家庭职业树

1. 活动目的

（1）认识家庭对职业选择的影响。

（2）帮助学生分析职业选择的助力和阻力，寻求可以实现自己目标的资源。

2. 活动准备

一张白纸

3. 活动内容

你知道家族中的成员都从事些什么工作吗？你对他们的工作有什么看法呢？让我们通过对自己家族职业树的探索，来帮助你了解家人对你的职业期待以及你的自我愿景究竟与家族职业有哪些关联。

首先，请你将家庭中的亲属及他的职业填写在下图的家庭树中。

完成后，请对照下面列出来的问题，把答案填写在空格中。想一想：

1. 我的家族中最多人从事的职业是________________________。

我想要从事这种职业吗？为什么？

____。

2．爸爸是如何形容他的职业的？爸爸平时会提到哪些职业？他是怎么说的？

爸爸的想法对我的影响是____。

3．妈妈是如何形容她的职业的？妈妈平时会提到哪些职业？她是怎么说的？

妈妈的想法对我的影响是____。

家族中还有谁对职业的想法对我影响深刻？他们怎么说？

____。

4．家族中彼此感到满意或羡慕的职业是什么？例如："堂哥在医院当医生，不仅收入高，而且社会地位也高。"

家族中彼此感到满意或羡慕的职业是____________________________________。

对他们的想法，我觉得____。

5．我觉得家人对我未来选择职业的影响是________________________________。

家人对各职业的评价往往表现了他们的好恶，例如："千万不要当艺术家，可能连三餐都吃不饱""当医生好，不仅收入高，而且社会地位也高"等。

我的家人最常提到有关职业的事是______________________________________。

对我的影响是____。

6．哪些职业是我绝不考虑的？

____。

哪些职业是我可以考虑的？

____。

7．选择职业时，我还要重视哪些条件？

____。

4. 与你分享

家庭对个人职业选择乃至职业发展都有着深远的影响。“职业家庭树”活动是以图画方式，刺激参与者评估家庭的影响，促进其对职业的认知。其进行的方法主要如下：首先，在树梢处填上个人偏好的职业（可填数种）。其次，将家庭中各人的职业分别填在树的枝干上。由于家庭中各人的职业可能会有所变动，因此可同时填上目前的职业与先前担任过的重要工作，并将和参与者有直接关系的重要人物特别圈起来。最后，将家庭人员职业的共同特点填在树根处，并使参与者对相关问题进行深入思考。总之，在上述活动中需要达到这样的目的：促进参与者评估家庭的影响，包括助力和阻力；加深参与者对职业的认知，帮助其职业选择乃至职业发展。

5. 心灵感悟

写下你的体会吧！______________________

____

____

____

____

____

活动B：生涯成功人物访谈

1. 活动目的

（1）认识工作世界的现状和趋势，收集社会职业信息。

（2）帮助学生思考实现自我目标的途径。

2. 活动准备

采访提纲一份。

3. 活动内容

生涯成功人物访谈问卷（被采访者所从事的职业必须是你最感兴趣且有可能实现的职业）：

（1）被访人基本情况

姓名：　　性别：
联系方式：　　毕业时间：
毕业院校：　　所学专业：
现工作单位：　　现任职务：

（2）访谈内容

① 您是如何找到这份工作的？主要职责是什么？
② 对于这份工作，您最喜欢它的是什么？最不喜欢它的又是什么？对生活有怎样的影响？
③ 在这份工作中，您通常每天都做些什么？
④ 这种职业需要什么样的技能和其他能力？有什么样的要求？
⑤ 目前这一行业同类岗位的薪酬水平如何？
⑥ 您目前的职位是什么，是如何获得这个职位的？
⑦ 您通过什么渠道提升自己？迄今为止，您参加过哪些培训和继续教育？
⑧ 您对您现在所在的行业有些什么看法？
⑨ 您在从事这一工作之前，在哪些单位干过哪些工作？
⑩ 我现在可以通过什么方式提高哪些技能或素质，以便日后能进入这一行业呢？
⑪ 就您知道的情况而言，我所学的专业可以进入哪些领域工作？
⑫ 您对目前的工作是否满意？
⑬ 您能给我一些学习或就业方面的建议吗？
⑭ 您能帮我推荐采访一下其他的业内人士吗？

当然，认识职业的方法很多，如还可以通过企业实习来了解职业。请学生首先通过以上列举的一些途径，对自己感兴趣且有可能实现的职业进行调查了解，然后再结合自己的实际情况，以“我心中的职业”为题写一篇800字左右的文章（内容以上述两种方法中的访谈内容为主）。

4. 与你分享

获知职业信息——你选择的好坏取决于你获取的信息。

获知职业资料可通过各种媒体，社会上各类招聘会，高年级已就业的校友，家长、朋友等社会关系，实习公司网页，亲朋好友及师长引荐，报纸杂志，招聘广告，有声传媒人才招聘会，政府、学校就业指导机构，网络人才交流中心，职业中介公司，公司网页等。 着重应考察工作的性质、个人从工作中获得的满意感、个人的优劣势与其他人的感受、相关的职业教育培训和经历、工作条件和工作地点、工作者的人格特质、雇佣和晋升前景。

5. 心灵感悟

写下你的体会吧！

活动主题（三） 生涯决策训练

活动A：模拟招聘会

1. 活动目的

通过谋职演练，帮助学生探索个人择业潜力及工作适应方式。通过活动，使学生了解社会需求，使自己所学与社会需要结合起来，提高自己适应社会的能力。

2. 活动准备

（1）各个学习小组的上场人员（求职者）准备好个人简历。

（2）选出若干名学生充当企业人力资源部和人事部的相关人员，这些同学需对面试官及招聘会的流程有一定的了解。

（3）准备好模拟招聘会所需的桌子、凳子及企业招聘岗位信息表。

3. 活动内容

（1）选手需将个人简历交给用人单位。

（2）赛程和赛制：招聘会分初赛（包括笔试）、复赛和决赛三个阶段，采用淘汰制，参赛选手将经过层层筛选进入最后的比赛。

初赛：按企业发布招聘岗位递交简历。

①简历筛选：由相关的人力资源专家和企业人事部的成员组成小组，进行简历的筛选。具体操作采用打分制，取平均分，按排名先后进入第二轮比赛。

②笔试：对参赛选手进行职业性向测试、素质测试和情商测试，进一步选出更优秀的选手进入复赛。

复赛：选10名学生参加复赛。

①自我介绍：每人15分钟。

②结构化面试：每人6～8分钟。选手将现场抽1～2题进行作答。

③情景面试：每人8分钟。专业评委将对选手进行现场即兴提问。

④无领导小组讨论：两个小组将会就一个案例进行15分钟的讨论，之后每组有15分钟陈述本方观点，形式不限。

复赛之后，企业相关人员将及时对未进入决赛的选手进行细致的反馈，分析其个人表现，提出不足及改进之处。

决赛：选5名学生参加决赛。

①自我介绍：每人2分钟。

②压力面试：每人3分钟。其目的是确定求职者对压力的承受能力、在压力前的应变能力和人际关系能力。

③案例分析：每人10分钟。

观众参与：观众对选手提问，考察选手随机应变的能力。

活动思考：

①在职场中应采取哪些面试技巧？

②如何提高自己的求职竞争能力和社会竞争能力？

③如何将“学”与“需”有机地结合起来？

4. 与你分享

模拟招聘会是根据毕业生就业供需见面的形式，组织参与者进行模拟求职的一种活动。通常可以采用两种方法来实施这种活动。

第一种方法是配合就业指导课，组织学生按照求职的程序，填写好求职表，由学生管理部门牵头，其他有关部门密切配合，会同校友会组织，在约定的时间里，派出人事干部，到现场进行模拟招聘工作，并在招聘工作结束后公布被“录取”的参与者名单。在模拟招聘会中，除了学生接到的录取通知书不能履行以外，求职的全过程和每年学校组织的毕业生就业供需见面会几乎没有什么不同，因此，一般经过模拟面试的参与者，在真正求职时，通常会不易发生怯场与临场发挥不好的现象，表现出较稳定的心理素质。

第二种方法是指“心理剧”或“角色扮演”法。一般的做法是由教师在课堂上布置，学生课后准备，然后在课堂上表演求职的场景。可以一对一地扮演求职者与招聘者，也可以由五六人同时组成求职者或招聘者，根据假定的情节进行训练。这种方法可以克服求职者自卑、胆怯、焦虑、紧张等方面的心理问题，纠正求职者在求职过程中容易出现的诸如仪表、礼节、姿势等方面存在的偏差。实践证明，开展模拟招聘会活动可以达到较好的训练效果。

5. 心灵感悟

写下你的体会吧！______________________________

____

____

____

____

____

活动B：平衡单练习

1. 活动目的

协助学生整合个人和家庭资源，拟订短期职业计划，学会职业决策技巧。

2. 活动准备

生涯决策平衡单一份。

3. 活动内容

（1）填写生涯决策平衡单并分析

选择 / 因素	读夜校（半工半读）		考大学	
	助力（+）	阻力（-）	助力（+）	阻力（-）
个人精神方面				
压力调适（*3）		3（9）		5（15）
能力考量（*5）	3（15）			4（20）
增加成就感（*2）	4（8）		4（8）	
个人物质方面				
经济考量（*2）	4（8）			3（6）
休闲时间（*3）	3（9）	2（6）		3（9）
健康影响（*5）		2（10）	2（10）	
增加社会经验（*3）				3（9）

（续上表）

因素 \ 选择	读夜校（半工半读）		考大学	
	助力（+）	阻力（-）	助力（+）	阻力（-）
他人精神方面				
父母期望（*4）		3（12）	5（20）	
亲人相处（*2）		2（4）		2（4）
同学感情（*4）		2（8）		3（12）
建立人脉（*2）	4（8）			2（4）
他人物质方面				
就业机会（*2）	3（6）		4（8）	
家庭经济（*2）	3（6）			3（6）
亲友刮目相看（*3）	2（6）		4（12）	
小计（加权）	26（66）	14（49）	19（58）	28（85）
总计	12（17）		-9（-27）	
优先顺序	1		2	

说明：每个项目的得分或失分，可以根据该方案具有的优点（得分）、缺点（失分）来计算，计分范围1～10分。最后，合计每个方案的优点总分和缺点总分，正负相加，算出客观的得失差数。

根据自己的真实想法作答，方可正确评估每个方案对自己的重要性。

每个项目的重要性因人、因时、因地不同。对于此刻的你，可以根据考虑项目的重要性与迫切性，给它们乘上权数（加权范围的1～5倍）。

将平衡单上的原始分数乘上权重，分数差距变大，最后把“得失差数”算出来，并据此作出最终的决定。比较每一种方案的综合得分，据此作出生涯决定，此决定就是用生涯抉择平衡单所作出的综合效用最大化的决定。

（2）交流

①哪一个短期目标得分较高？这会是你目前最需要去完成的吗？

②此刻你打算如何完成这个短期目标呢？

4. 与你分享

职业生涯决策对于个人的职业生涯发展具有重要而深远的影响，因此也备受前人的重视，而成为人们研究的热点。早在很多年以前，著名的美国人富兰克林就曾提出过一种简单而有效的决策技术，他称这种技术为心理或谨慎数学，其中就包含着朴素的平衡思想，即把选择一件事情的正反理由分别列在纸上，然后再在心理估计支持或反对从事某件事情的理由的分量。如果发现支持和反对双方的某些理由分量相等时，则把双方的这些理由都划掉。如果发现一个赞成的理由等于两个反对的理由时，则把这三个理由都划掉。经过多番比较，人们就可以发现到底哪一边占上风，并据此作出决定。这种方法可以应付一些简单的决策事件，但由于它过于简单和粗线条，没有充分考虑到个人决策时所面临的复杂情形以及个人心理情况等，因而在碰到重大而复杂的决策时，往往不好操作，甚至束手无策。针对这种情况，后人在研究和实践的基础上，设计出了更加完善的决策技术——平衡单技术。它可以解决个人在决策时常常遇到的许多困难，帮助个人进行有效的职业生涯决策。

有人说，现代人的生活是充满决定的生活。通常你是如何作决定的呢？不同的情况对个人的意义不同，需要付出的决策时间和决策思考方式是不同的。面对诸多的暂定目标以及其间的轻重缓急，我们需要思考生涯目标或职业：在系统了解自己的基础上，我们做过一些环境资源的探索，诸如了解家人和朋友的看法和意见，甚至支持或反对的情形。我们何不就这些资料，试着为自己作出生涯决策。

然而，有些人在生涯选择过程中，过度集中于少数的生涯决策行动方案，反复、缺乏系统地盯住部分的得失与限制，这种方法不利于生涯决策的形成。因此，从规范意义而言，决策平衡单练习提供了一套有效的生涯决策模式，以协助学生有系统地形成生涯决策。概括起来说，生涯平衡单练习具有下列优势：

（1）可协助系统性、书面化地整理个人生涯选择的思考。

（2）可协助系统性思考生涯选择得失的因素。

（3）可协助个人了解自己对各个生涯行动备选方案的评价。

（4）可协助个人获得生涯选择和决策。

（5）可协助个人评估最后的生涯选择的代价，了解需要克服的困难和条件。

（6）允许个人因考虑因素的转换而改变生涯决策结果，并了解作出改变的理由。

莎莎的“生涯决定平衡单”（举例）

基本情况：莎莎，大学三年级，会计专业。她心里很矛盾，既希望工作稳定，又希望工作能有挑战性。她的个性外向、活泼、能力强、自主性高，目前她考虑的三大方向是考公务员、国内读研究生、国外读MBA。对于这三条路径，她的考虑如下表所示。

考虑方向	考公务员	国内读研究生	国外读MBA
优　点	满意的工作收入；铁饭碗工作稳定轻松，工作压力较小；一劳永逸	和国内产业发展不会脱节，能建立与师长、同学、朋友的人际关系网，较高文凭，日后工作升迁较容易	圆一个国外留学的梦，增广见闻、丰富人生，英文能力提高，训练独立生活能力，日后工作升迁较容易，激发潜力，旅游
缺　点	铁饭碗会生锈，容易产生厌倦，不易升迁；而且无法想象自己会做一辈子的公务员；不符合自己的个性	课业压力大 没有收入	课业压力大，语言、文化较不适应，花费较大（一年可能需要几十万），挑战较高，没有收入
其　他	父母的支持	男朋友的期望（男朋友也是研究生并已工作）	工作两年有积蓄，但不是很足够，自己一直想到国外走走

莎莎的生涯决定平衡单（原始分数）

考 虑 项 目 （加权范围1～5倍）	第一方案 （考公务员）		第二方案 （国内读研究生）		第三方案 （国外读MBA）	
	得（+）	失（–）	得（+）	失（–）	得（+）	失（–）
1. 适合自己的能力		–4	5		6	
2. 适合自己的兴趣		–3	4		8	
3. 符合自己的价值观	5		3		7	
4. 满足自己的自尊心		–2	3		7	
5. 较高的社会地位		–5	3		6	

（续上表）

考虑项目（加权范围1～5倍）	第一方案（考公务员）		第二方案（国内读研究生）		第三方案（国外读MBA）	
	得（+）	失（–）	得（+）	失（–）	得（+）	失（–）
6. 带给家人声望	2		1		2	
7. 符合自己理想的生活形态	3		5			–3
8. 优厚的经济报酬	7			–1		–8
9. 足够的社会资源	2		8			–1
10. 适合个人目前处境	5		2		1	
11. 有利择偶以建立家庭	7		5			–5
12. 未来有发展性		–5	5		8	
合计	31	–19	44	–1	45	–17
得失差数	12		43		28	

* 经过这一番考虑后，莎莎的最终决定是在国内读研究生。

5. 心灵感悟

写下你的体会吧！______________________________

____

____

____

____

____

活动主题（四） 行动管理

活动A：时间馅饼

1. 活动目的

学会分析自己的时间管理问题，在实现目标的过程中掌握和利用好时间。

2. 活动准备

白纸一张。

3. 活动内容

在纸上画一个圆圈，这个大圆圈代表一天的24小时。

估计一下下列每项事宜所占用的时间，然后把自己的馅饼按各项比例分割，画在自己的纸上：睡眠、工作、学习、应酬、休闲、家庭（学校）琐事、与家人（同学）共处等。

交流：

（1）你对自己目前使用时间的情形满意吗？

（2）如何才能使自己的时间安排更加合理？

4. 与你分享

我们大多数时间都浪费在处理无关紧要的问题上，而少数至关重要的事情却无暇顾及。时间管理成功的关键在于把想要完成的工作按照A，B，C分成三等排序，从而确定一个鲜明的优先原则：

A类工作是最重要的工作，只能由专人或者团队去完成，不能授权给他人。

B类工作一般来说也很重要，但可以授权给他人。

C类工作虽说价值颇微，但在工作中所占的份额却最大。

那些既不重要也不紧急的工作，就应放弃。

总之，我们应有明确的目标、完善的计划、理智的时间选择。

5. 心灵感悟

写下你的体会吧！＿＿＿＿＿＿＿＿＿＿＿＿＿＿＿＿＿＿＿＿＿＿＿＿

＿＿＿＿＿＿＿＿＿＿＿＿＿＿＿＿＿＿＿＿＿＿＿＿＿＿＿＿＿＿＿＿

＿＿＿＿＿＿＿＿＿＿＿＿＿＿＿＿＿＿＿＿＿＿＿＿＿＿＿＿＿＿＿＿

＿＿＿＿＿＿＿＿＿＿＿＿＿＿＿＿＿＿＿＿＿＿＿＿＿＿＿＿＿＿＿＿

＿＿＿＿＿＿＿＿＿＿＿＿＿＿＿＿＿＿＿＿＿＿＿＿＿＿＿＿＿＿＿＿

＿＿＿＿＿＿＿＿＿＿＿＿＿＿＿＿＿＿＿＿＿＿＿＿＿＿＿＿＿＿＿＿

活动B：情绪管理

1. 活动目的

通过认知改变和认知重建的训练，让学生意识到自己习惯性思维中的消极想法及自我评价，学会找到一种更合理、更坦然的观点取而代之，从而缓和和疏解不良情绪。

2. 活动准备

情绪不是来自行为本身，而是来自我们的内心。人类情绪的来源是我们的信念价值和规则系统的产物，外来的事物只不过是诱因而已，内在的信念才是决定因素。更多的时候，不良的情绪是因为一些自我挫败思维或消极自我评价在背后惹的祸。因此改变信念系统，就可以改变外界带给我们的情绪。

3. 活动内容

讨论生活中常见的扭曲想法及应对策略。

讨论对待挫折常见的扭曲想法及应对策略。

操作：小组讨论生活中常见的扭曲想法及应对策略

对挫折常见的扭曲想法	换用应对性思维
一旦犯了错，那我就完了，大家还会议论纷纷。	

4. 与你分享

★情绪，是人各种感觉、思想和行为的一种综合的心理和生理状态，是对外界刺激所产生的心理反应以及附带的生理反应，如喜、怒、哀、乐等。情绪是个人的主观体验和感受，常跟心情、气质、性格和性情有关。

★情绪ABC理论的创始者埃利斯认为，正是由于我们常有的一些不合理的信念才使我们产生情绪困扰。如果这些不合理的信念长期存在，还会引起情绪障碍。情绪ABC理论中，A表示诱发性事件；B表示个体针对此诱发性事件产生的一些信念，即对这件事的一些看法、解释；C表示个体产生的情绪和行为的结果。通常人们会认为诱发性事件A直接导致了人的情绪和行为的结果C，发生了什么事就引起了什么样的情绪体验。然而，你有没有发现同样一件事，对不同的人，会引起不同的情绪体验。同样是报考英语六级，结果两个人都没过。一个人无所谓，而另一个人却伤心欲绝。为什么？就是诱发性事件A与情绪和行为的结果C之间还有对诱发性事件A的一些看法、解释的B在作怪。一个人可能认为："这次考试只是试一试，考不过也没关系，下次可以再来。"另一个人可能说："我精心准备了那么长时间，竟然没过，是不是我太笨了，我还有什么用啊，人家会怎么评价我。"于是不同的B带来的C大相径庭。

5. 心灵感悟

写下你的体会吧！______________________________

活动C：30天改善计划

1. 活动目的

建立新的良好习惯，控制和消除旧的消极习惯的影响。

2. 活动准备

白纸一张。

3. 活动内容

请在下列三个方面填入你一个月内必须做到的事情，一个月后再检查一下进度，并重新建立新的目标。

（1）从现在开始要改掉的习惯是哪些？如不守时，消极性词语挂嘴边，作息无规律的习惯。

（2）从现在开始要养成的习惯是哪些？如睡前计划好第二天的事，在任何场所尽量赞美别人；每天早上起来都对自己说激励的话。

（3）用来增加工作效率和增进同学之间的和谐的方法是哪些？如在最高效的时间干最重要的事；每天安排一定的运动休闲和机动时间；对同学为自己做的哪怕是小事也表示更大的谢意；认真倾听同学意见，努力了解他人观点及其理由。

4. 与你分享

完善自我，便是完善自身生存的能力。建立新的积极的习惯和根除旧的消极的习惯是由许多严格的自我控制和修养过程所达到的。而在这一修养过程中，计划目标起着调控的作用。

5. 心灵感悟

写下你的体会吧！______________________________

____

____

____

____

____

三、我写我做

【身体力行】

现在开始你的职业规划，试着补充下面的句子：

（1）我现在选择的职业是 ________________________________

（2）引导我选择这一职业的主要步骤有 ________________________________

____

（3）为了实现这个职业理想，我会立即采取的步骤有 ________________

____

【活动周记】

在学习本章的这几周里，你又发现了哪些关于自我探索的新东西？请写下来吧。要求以“我活着的目的”为题写一篇1 000字的人生反思。

第二章

继承爱国传统　弘扬民族精神

——责任感强化行为训练

假如我是有一些能力的话，我就有义务把它献给祖国。

——林耐

责任感常常会纠正人的狭隘性，当我们徘徊于迷途的时候，它会成为可靠的向导。

——普列姆昌德

一、主题探讨

【实践活动设计思路】

爱国主义教育是指树立热爱祖国并为之献身的信念的思想教育，它是各个国家公民教育的重要内容。几千年来，我国人民的爱国主义精神从来就是推动历史前进的一种巨大力量。它是在中华民族悠久历史文化的基础上产生和发展起来的，反过来又给中华民族的历史发展以重大的影响，是各族人民共同的精神支柱。爱国主义可以作为一种行为规范的要求，也可以是一种思想态度，但它的本质却是人性中的一种美德，它既是一种人生的责任，也是一种个人心灵中的情爱。前苏联的著名教育家凯洛夫曾说过，爱国主义也和其他道德情感与信念一样，使人趋于高尚，使人愈来愈能了解并爱好真正美丽的东西，从对美丽东西的知觉中体验到快乐，并且用尽一切方法使美丽的东西体现在行动中。爱国主义精神的培养可通过人物榜样来教育引导，更应通过对人生责任的情感体验以及对人生中的真正的爱的理解来领悟升华。

爱国主义是一种高级的社会责任感。所谓责任感是指主体对于责任所产生的主观意识，也就是责任在人的头脑中的主观反映形式，是一个人对国家、集体和他人能自觉地承担和完成应当做好的分内之事的心情与精神状态。它包括自我责任感、他人责任感、家庭责任感、集体责任感和社会责任感，而社会责任感又可以分为群众责任感、国家责任感和历史责任感。爱国主义就是对自己、国家、人民抱有自觉、主动、负责的心态，这种责任感通常要建立在他人责任感和自我责任感的基础之上。

因此本专题的责任感强化行为训练分为三个主题，从爱国主义的自我教育到我爱我家的责任意识再到对他人负责的精神体验，引导同学们逐步领悟人生对他人与社会所包含的应有的责任。通过建立对他人、家庭与社会的责任意识，从而强化对自身的责任意识的培养（指通过自觉、自尊、自律与自强来达到自爱），这两种责任意识是可以相互迁移、相互激发和相互促进的。

【知识链接】

★爱国与人生责任

所谓人生责任，是指由于某种人生角色所引发的客观外在的必然要求，包括履行某种角色应尽的义务和承担不当行为带来的过失。人生责任可以分为五种：自我责任、他人责任、家庭责任、集体责任和社会责任，其中社会责任具体包括爱护环境、服务人民、奉献祖国、振兴民族、历史使命等，由此可见爱国是每一个公民所具有的社会责任的主要内容。所谓爱国就是爱自己祖国的国土、人民和国家，因而对祖国的爱表现为关心祖国的命运、维护祖国的利益与服务祖国的人民。爱国是每一个公民应尽的社会责任和个人人生的崇高职责，爱国的责任来自每一个人的成长对祖国与人民的绝对依赖，来自每一个人的成长必然从国家与社会中所享受到的生存与发展的权利。

★爱国主义与美德

爱国主义主要表现为热爱祖国的壮丽河山、悠久的历史、灿烂的文化，关心祖国的前途和命运，维护祖国与人民的根本利益。包含了这样的态度：对祖国的成就和文化感到自豪；强烈希望保留祖国的特色和文化基础；对祖国其他同胞的认同感。爱国主义明确表现出利他主义的倾向，是一个人的崇高道德规范，是一种美德。它不仅有助于祖国的强盛统一，也有助于个人实现自己的人生价值。

★爱国主义与国际主义、民族主义

爱国主义与国际主义并不矛盾。国际主义是指各国劳动人民坚持国际团结的根本原则，它要求各国在独立自主的前提下，在反对剥削和压迫，争取民族解放，建设理想人类社会的斗争中，相互支持，相互援助。可见国际主义和爱国主义是相统一的，爱国主义是从本国人民和世界各族人民共同的根本利益出发的，离开了对祖国的爱戴，就谈不上奉行国际主义；离开了祖国的独立富强，也不能很好地坚持和履行国际主义义务。离开国际主义的爱国主义，是不彻底不完整的；离开爱国主义的国际主义是空洞的，没有根基的。

爱国主义与民族主义并不一样。民族主义，亦称种族主义或国家主义，主张以民族为人类群体生活之“基本单位”，主张民族为“国家存续之唯一合法基础”，以及“各民族有自决建国之权”。民族主义特指民族独立运动之意识形态，即以民族之名义提出文化与政治主张，以民族特色看待人类活动，各民族应充分展示其民族表征、民族文化、民族宗教、民族音乐、民族文学、民俗风尚等。爱国主义肯定的是一个民族的成员要有一种民族精神，并不主张民族主义，尤其是危害其他民族的极端的民族主义，更是与爱国主义格格不入的。

二、活动主题及训练过程

活动主题（一） 社会责任感的强化训练

1. 活动目的

通过活动培养同学们的团队合作精神，提高合作能力。强化集体主义和爱国主义精神，明确大学生的使命和目标，增强社会责任感。

2. 活动内容

活动名称：“做忠诚爱国者”的授课比赛

准备：收集素材，制作课件。

操作：每个团队根据教材第二章“继承爱国传统　弘扬民族精神”的内容，自选一个主题，进行集体备课并在一周内制作好授课课件，然后在下一周派一名代表上台进行讲授，时间控制在10分钟左右。由各班的学习委员、本课程科代表和各个团队的队长组成评审团，对每个团队代表的授课从课件制作、授课内容和教学方式等方面进行多项评分，最后综合取平均分作为此次比赛成绩。

交流：首先请授课同学上台分享自己作为“老师”授课的感受和体会，然后请评委及听众对该同学的授课进行点评，最后由老师作总结。

思考：①听了同学授课后，你的爱国责任感是否被唤起？

②在现实生活中，你该怎么做才能真正体现你的爱国心？

③你对社会的责任应怎样体现？

3. 与你分享

★中华民族的历史之所以悠久和伟大，爱国主义作为一种精神支柱和精神财富是起了重要作用的，爱国主义是一种深厚的感情，一种对于自己生长的国土和民族所怀有的深切的依恋之情。这种感情在历史的长河中，经过千百年的凝聚，无数次的激发，最终被整个民族的社会心理所认同，升华为爱国意识，因而它又是一种道德力量，它对国家、民族的生存和发展具有不可估量的作用。

★“我荣幸地以中华民族一员的资格，而成为世界公民。我是中国人民的儿子，我深情地爱着我的祖国和人民。”

——邓小平

★“我的音乐，要献给祖国，献给劳动人民大众，为挽救民族危机服务。”

——冼星海

4. 心灵感悟

写下你的体会吧！____

____

____

____

____

____

活动主题（二）　家庭责任感的强化训练

1. 活动目的

爱国先从爱家做起，通过了解同学与父母的关系，明确自身的人生责任，特别是作为儿女对父母应有什么样的职责。

2. 活动内容

活动名称：“我爱我家”的调查访问

准备：制作一份调查提纲。

操作：各个团队交叉采访并记录下面的调查提纲。

① 你和你父母的关系怎么样？

a.很好　　b.好　　c.一般

d.不好　　e.很不好

② 你们常聊天吗？

a.我们经常像朋友一样谈心　　b.只局限于日常聊天

c.很少聊天　　d.不屑于与他们聊天　　e.其他

③ 你在家经常帮父母做家务吗？

a.经常做　　b.偶尔做　　c.很少做　　d.从未做过

④ 你在学校一般多久打一次电话回家？

a.一个月　　b.半个月　　c.一个星期　　d.两三天

⑤ 记得你父亲和母亲的生日吗？

a.清楚记得　　b.曾经知道但记不清　　c.根本就不知道

交流：以上调查结果你满意吗？为什么？父母对我们的爱通常表现在哪里？

思考：①你对父母有愧疚感吗？

②你觉得你对父母的责任是什么？

③你觉得家庭与社会的关系是什么？

3. 与你分享

★梁启超先生说："凡是我受过他好处的人，我对他便有了责任。"

★人生责任是人生中的一种必然命运，谁都无法逃避。

★思想家塞涅卡说："愿意的人，命运领着走；不愿意的人，命运拖着走。"

4. 心灵感悟

写下你的体会吧！____

____

____

____

____

____

活动主题（三）　利他责任感的强化训练

1. 活动目的

（1）让同学正确看待别人的错误。

（2）让同学学会做一个能够对他人负责任的人。

2. 活动内容

活动名称：承担责任

准备：室内室外均可，大约需要30分钟。

操作：

①将全班同学分为多个小组，每小组4人，两人相向站着，另外两人相向蹲着，站着和旁边蹲着的同学是一组；

②站着的两个人进行"剪刀、石头、布"猜拳，猜拳胜者，则由和猜拳胜者一组蹲着的人去刮输的一组中蹲着的人的鼻子；

③输方轮换位置，即站着的人蹲下，蹲着的人站起来，继续开始下一局；

④在开始的新局中，上次胜方站着的人若在猜拳中输掉，则上次胜方蹲着的人要被上次输方站着的人刮鼻子；

⑤在接下来的一局中，胜方也轮换位置，即原来站着的人蹲下，蹲着的人站起来，开始新的一局；

⑥活动可反复进行几个回合，可由小组成员自行决定。

交流：当自己的同伴失败的时候，有没有抱怨？同组中的两个人有没有同心协力应对外面的压力？

思考：如何看待自己的责任和别人的过错？

3. 与你分享

★人生须知负责任的苦处，才能知道尽责任的乐趣。 ——梁启超

★每个人都被生命询问，而他只有用自己的生命才能回答此问题；只有以“负责”来答复生命。因此，“能够负责”是人类存在最重要的本质。

——［英］维克多·弗兰克

4. 心灵感悟

写下你的体会吧！________________________________

____

____

____

____

____

三、我写我做

【身体力行】

★读一本爱国人物的传记

提示：比如读一读孙中山先生的人物传记，深刻感受他的爱国情怀，相信他坚定的爱国行为会感染到自己，对自己确立报国之志肯定会有帮助。

★做一个主动学习的计划

提示：为了更好地完善自己，对自己的人生负责，我在大学阶段到底该学会和

掌握一些什么呢？要达到和提升一些什么呢？

★ 写一封感恩父母的家书

提示：我一定要对父母亲的养育之恩好好表达一下自己的感恩之情，让我的父母知道我是爱他们的，我对他们是有责任的，是能够负得起责任的，今后我要更加关心他们，孝敬他们。

在写这封家书之前，不妨先来算一笔账，认真估算一下这些年来父母为我所付出的各种费用，想一想，如果需要我来偿还这笔投资的话，假定自己大学毕业后应有多少收入，计算一下自己大约需要多少年才能回馈父母。

小学每年	学杂费		每年总计： 六年总计：
	生活费		
	交通费		
	零用钱		
中学每年	学杂费		每年总计： 六年总计：
	生活费		
	交通费		
	零用钱		
大学每年	学杂费		每年总计： 四年总计：
	生活费		
	交通费		
	零用钱		
婴幼期每年的费用			六年总计：
出生至毕业总费用			
预期每年能够净存			
若要回馈需要的年数			

【活动周记】

提示：经过团队的训练与个人的实践，你对人生的责任有了更加深入的了解了吗？人生责任感更加强烈了吗？你认为，作为一名大学生应该怎样承担起自己应尽的人生责任呢？你有更加坚定自己的爱国之心与报国之志吗？

第三章
领悟人生真谛　创造人生价值

——价值观澄清行为训练

你若喜欢自己的价值，你就得给世界创造价值。

——歌德

人只有献身社会，才能找出那实际上是短暂而有风险的生命意义。

——爱因斯坦

一、主题探讨

【实践活动设计思路】

人生价值是人生观的重要组成部分之一，只有当你知道了自己最重要的人生价值所在，作决定才易如反掌，反之，如果你不知道什么对你是最重要的，就很难作出决定，这往往会成为痛苦折磨的源泉。有杰出成就的人，在这种状况下通常能很快作出决定，那是因为他清楚地知道自己最重要的人生价值所在。

本章实践活动环节的活动安排，主要是围绕“个人价值观与社会价值观探索”而展开。通过对价值观的澄清与探索，引发学生对人生目的、人生态度和人生价值的深刻思考，帮助学生找到自己最重要的人生价值所在，并引导他们树立起科学、高尚的人生观，抵制享乐主义、拜金主义、个人主义人生观的影响，努力做到“以服务人民为荣，以背离人民为耻”“以辛勤劳动为荣，以好逸恶劳为耻”，在为人民服务的实践中创造有价值的人生。

【知识链接】

★中国古代关于人的学说

1. 自然人性论：自然人性论是从自然界考察人的本质，把人的本质归结为自然的人或人的自然，而不是从虚幻的神灵世界寻找人的本质，把人的本质归结为异己的神灵。老子认为，天、地、人、物都取法自然，自然是主宰、统摄万物的宇宙本源和至上之道，因而人性当是自然之性。

2. 伦理人性论：伦理人性论是一种把人性伦理化，把人性归结为封建伦理关系的人性理论。它在承认人有自然性的同时，特别强调社会道德对人类自然情欲的制约和改造作用，是对自然人性论的积极否定和扬弃。它包括性有善有恶论（王充的“人性有善有恶，举人之善性，养而致之则善长；性恶，养而致之而恶长”）、性无善恶论（告子的“性犹湍水也，决诸东方则东流，决诸西方则西流。人性之无分于善不善也，犹水之无分于东西也”）、性善论（孟子）、性恶论（荀子的“人之性恶，其善者伪也”）、性三品说（董仲舒提出的圣人之性、中民之性和斗筲之性）、宋明理学的本体人性论（把人性分为理、性、心三部分）。

★西方思想史中关于人的学说

1. 理性人性论：笛卡儿、康德和黑格尔是其代表人物。该理论把理性看成是人的本质，认为人与机器的区别就在于“人是有理性的灵魂”。

2. 生理人性论：费尔巴哈是其代表人物。该理论认为应当把人当成生物来看待，人性应当是人的自然属性。

3. 环境人性论：孟德斯鸠是其代表人物。该理论认为人与人之所以有区别，“是不同的人所遇到的事件、所处的环境位置、所处的社会地位不同”，是由种种“串联起来的机遇不同”而造成的。

★马克思关于人的本质的科学论述

“人的本质不是单个人所固有的抽象物，在其现实性上，它是一切社会关系的总和”，正确理解和把握这一论断，需要注意以下几点：第一，人的本质在于它的社会性；第二，人的本质不是虚幻抽象的，而是现实具体的；第三，人的本质不是单一社会关系的产物，而是由一切社会关系的总和共同决定的；第四，人的本质不是恒定不变的，而是随着历史的发展而发展。

★人生目的的类型

主要有禁欲主义的人生目的、享乐主义的人生目的、实用主义的人生目的、存在主义的人生目的、虚无主义的人生目的、权力意志主义的人生目的、拜金主义的人生目的、为人民服务的人生目的。

二、活动主题及训练过程

活动主题（一）　个人价值观的澄清与探索

1. 活动目的

（1）训练同学们更深入地觉察价值观的形成过程。

（2）强化同学们分析、批判事物的能力，提升同学们“作决定”的能力。

（3）鼓励同学们公开表达自己的思想、观念和看法，学习如何尊重和接纳别人的意见。

2. 活动内容

（1）活动名称：火光熊熊

操作：现在你的宿舍正被烈火吞噬，情况危殆，时间只够你冲进火海取出三样东西，你会选择哪三样？先后顺序是怎样的？为什么选择这三样？它们对你有什么价值？为什么？想一想写在纸上。

交流：请同学上台交流自己选择的分别是哪三样东西，它们对你有什么意义和价值，并谈谈你如此选择的原因。

思考：①你选择的三样东西分别代表什么？

②还有没有重要的物品不在抢救之列？

③在现实的生活中，你也会这样选择吗？

（2）活动名称：拥有与丧失

操作：每位同学准备好纸和笔，然后想一想个人生活中什么最重要，依次写下，并思考为什么这样写。组内交流分享。然后请同学逐一删除，每删一项，就交流一次。

“拥有与丧失”练习表

你生活中最重要的五样东西及选择的理由：

①______________________________

②______________________________

③______________________________

④______________________________

⑤______________________________

丧失练习：（认真体验过程及内心的感受）

____

____

练习中所得到的启发：

____

____

交流：请同学们先分享你所想要拥有的最重要的事物以及理由，然后说出你依次删除的顺序及理由，最后交流一下你做这个练习过程中的感受和体会。

思考：①这个练习是否有助于你认清你的个人价值观？

②你在拥有时的感受是什么？

③你在每删掉一样后的感受是什么？删掉以后你的生活会怎样？

④你在练习中最后留下的那一样是你最重要的价值事物吗？

3. 与你分享

★ 美国最重视的价值观

一、对生命的态度

生命是珍贵而可爱的，不论任何人的生命，甚至动物包括宠物和野生动物在内的生命都同样珍贵可爱。无论以多合理的借口去使一个生命消失都使一般人痛苦和难以接受。

二、对人的态度

人本位，人是受尊敬的名词。只要有一个人站在道路中央，不论他是白人、黑人、高官、百姓，所有过往车辆必须小心避让或停步。一个人攻击另一个人，不管是辱骂、殴打或是诬陷、暗算，即使受攻击的一方再无能、再愚蠢、再有错误，也都为舆论所不容，为法律所追究，哪怕你多有钱多有权势，民意始终受到尊重。

三、对生活的态度

生活是美好的。人活着的乐趣就是领受大自然的馈赠。钱不在乎赚多赚少，当然多总是要好一点，可是生活一定要快乐。钱是为我服务的而不是我为钱服务。

四、对后代的态度

子女是独立的。抚养子女是一种社会责任，不求任何回报。不管子女将来怎样，那是他们自己的事情。孩子是我的朋友。不知何谓“孝道”。

五、对现在和将来的态度

无论明天会怎样，先把今天的事做好。明天是今天的延续，不管有多难解决，一定要在今天把该解决的问题解决掉。决不忍受不可忍受之苦。

4. 心灵感悟

写下你的体会吧！

活动主题（二）　社会价值观的澄清与探索

1. 活动目的

（1）对个人的人生价值观作具体的探索并帮助学生在生活中作明智的选择。

（2）进一步澄清个人价值观并引导学生追求有价值的人生。

2. 活动内容

（1）活动名称：人生价值大拍卖

准备：拍卖清单，拍卖锤子、纸、笔。

操作：假设每个人的生命为80年，每人都可以用你80年的岁月来购买以下的拍卖品，每人对每个拍卖品只能叫价1次，出价最高者获得商品。每件拍卖品起价为15年。

拍卖标的

童真、机遇、事业、快乐、友情、荣誉、智慧、爱情、自由、青春、勇气、亲情、权力、养育子女、尊严、正义、美貌、梦想、健康。

↓

80年岁月

起叫价：15年

交流：请同学交流自己买到的价值，并谈谈这些是不是自己想要买的东西；还有没有想要的但没买到，为什么没买到；还有没有哪些你想要的没在清单之列，它们是什么。

思考：①自己是否买到了一生中最想要的东西？

②自己所买到的东西是否符合主流价值观？

③该如何追求你最想实现的人生价值？

（2）活动名称：工作价值观探索

操作：请同学们填写下列工作价值观探索表，写完后小组交流。

工作价值观探索表

工作的名称：______________________________

抉择的原因：______________________________

____

____

满足与喜悦的来源：______________________________

____

____

烦恼与压力的来源：______________________________

____

____

从工作中我获得了什么？______________________________

____

交流：请同学们将填好的工作价值观探索表在小组内传阅与交流，从中可以看到与自己相似的，也可以看到与自己不同的，从而了解工作给自己带来了什么，重新审视和决定自己的生活和工作。

思考：①通过工作价值观探索你发现了什么？

②将工作价值观探索换成学习价值观探索，你有什么新的收获？

③你对自己目前的学习和工作及生活感到满意吗？有问题该如何解决？

（3）活动名称：临终遗命

操作：现在告诉大家，由于种种原因，你正在面临死亡，终期将至，时间只允许你再做最后五件事，你会做哪五件事，并排出先后次序，然后写下你的遗嘱（50字以内）。

①______________________________

②______________________________

③______________________________

④______________________________

⑤______________________________

交流：每个成员交流自己的遗嘱，并谈一谈你在写遗嘱的时候有什么感受，这些感受对你今后的生活有什么影响。

思考：①这个活动给你的启发是什么？

②在现实生活中你会把这五件事放在首位去完成吗？

（4）活动名称：姑娘与水手

操作：先给同学们讲一个故事。

一艘船遇上了暴风雨，不幸沉没了。船上的人中有五个人幸运地乘上了两艘救生艇：一艘救生艇上坐着水手、姑娘和一位老人；另一艘上坐着姑娘的未婚夫和他的亲戚。气候恶劣，波浪滔天，两只救生艇被打散了。姑娘乘的救生艇漂到一个小岛上。与未婚夫分开的姑娘惦记着未婚夫，千方百计地寻找，找了一天但一点线索也没有。第二天，天气转好，姑娘仍不死心，继续寻找，还是没找到。有一天，姑娘远远地发现了大海中的一个小岛，她就请求水手："请修理一下救生艇，带我去那个岛上，好吗？"水手答应了姑娘，但提出了一个条件：必须和他睡一夜。陷入失望和困扰的姑娘找到老人，与他商量："我很为难，怎样做才好呢？请您告诉我一个好办法。"老人说："对你来说，怎样做正确，怎样做错误，我实在不能说什么。你扪心自问，按你的心愿去做吧。"姑娘万般无奈，寻未婚夫心切，满足了水手的要求。

第二天早上，水手修好了救生艇，带着姑娘去了那个小岛。远远地，她看到了岛上未婚夫的身影，不顾救生艇未靠岸，从救生艇上跳进水里，拼命往岸上游，一把抱住了未婚夫的胳膊。在未婚夫温暖的怀抱里，姑娘想：要不要告诉他昨晚的事呢。思前想后，她下决心说明情况。未婚夫一听，顿时大怒，一把推开她，并吼着“我再不想见到你了”，转身跑走了。姑娘伤心地边哭边往海边走。见此情景，未婚夫的亲戚走到她的身边，用手拍着她的肩膀：“你们俩吵架我都看到了，有机会我再找他说说，在这之前，让我来照顾你吧！”

故事讲完后，要求大家从刚才故事中出现的五个人物中，按照自己的好感程度作出选择并排序，然后简单地写下原因。选择完后在小组内交流，每个人说明自己的想法，并统计全组的倾向性意见。

顺序选择表

好感的顺序	出场人物	理　由
	水　手	
	姑　娘	
	老　人	
	未婚夫	
	亲　戚	

交流：通过听取他人意见，小组成员受到启发，可以修正自己的意见。每个小组派代表交流，在共同讨论中表现出每个人的价值观，也可以了解他人的价值观，促进深入思考，逐渐确立正确的价值观。

思考：①这个故事代表的主流价值观是什么？

②如果你是故事中的任何一个角色，你的选择又是什么呢？

3. 与你分享

★人生的价值是什么？

人生不是通过赢得分数来决定胜负的游戏，人生的价值在于付出爱。人生的价值不在于名望和钱财，而在于给别人带去快乐。人生的价值不能用长相的美丑来评判，也与穿什么鞋子和喜欢听什么音乐无关，人生的价值在于创造，在于创新。人生的价值不在于话语多么漂亮，而在于完成任务，履行承诺。

★成为湖泊

一位年老的印度大师身边有一个总是抱怨的弟子。有一天，他派这个弟子去买盐。弟子回来后，大师吩咐这个不快活的弟子抓一把盐放在一杯水中，然后喝了它。大师问：“味道如何？”弟子龇牙咧嘴地吐了口唾沫：“苦!”大师又吩咐该弟子把剩下的盐都倒进附近的湖里。弟子于是把盐倒进湖里，大师说：“再尝尝湖水。”年轻人捧了一口湖水尝了尝，大师问道：“什么味道？”弟子答道：“很新鲜。”大师问：“你尝到咸味了吗？”年轻人答道：“没有。”这时大师对弟子说道：“生命中的痛苦就像是盐，不多，也不少。我们在生活中遇到的痛苦就这么多。但是，我们体验到的痛苦却取决于我们将它盛放在多大的容器中。”

所以，当你处于痛苦时，你只有开阔你的胸怀：

不要做一只杯子，而要做一片湖泊。

★ 人不会因为获得许多爱，而觉得人生有意义，却会因为付出许多爱，而越肯定生命的价值。

★ 人生幸福秘诀：

不要拿自己的错误来惩罚自己，

不要拿自己的错误来惩罚别人，

不要拿别人的错误来惩罚自己。

有了这三条，人生就不会太累了。

★ 可口可乐总裁曾说：“我们每个人都像小丑，玩着五个球，五个球是你的工作、健康、家庭、朋友、灵魂。这五个球只有一个是用橡胶做的，掉下去会弹起来，那就是工作。另外四个球都是用玻璃做的，掉了，就碎了。”

★ 100%心态

如果令A，B，C，D，…，X，Y，Z这26个英文字母，分别等于百分之1，2，3，4，…，24，25，26这26个数值，那么我们就能得出如下有趣的结论：

Hard work（努力工作）

H+A+R+D+W+O+R+K=8%+1%+18%+4%+23%+15%+18%+11%=98%

Knowledge（知识）

K+N+O+W+L+E+D+G+E=11%+14%+15%+23%+12%+5%+4%+7%+5%=96%

Love（爱情）Luck（好运）

L+O+V+E=12%+15%+22%+5%=54%

L+U+C+K=12%+21%+3%+11%=47%

这些我们通常非常看重的东西都不是最完美的，虽然它们非常重要，那么究竟什么能使得生活变得圆满呢？

是Money（金钱）吗？

M+O+N+E+Y＝13%＋15%＋14%＋5%＋25%＝72%。

是Leadership（领导力）吗？

L+E+A+D+E+R+S+H+I+P＝

12%＋5%＋1%＋4%+5%+18%+19%+8%+9%+16%＝97%。

那么什么能使生活变成100%的圆满呢？

It’s Attitude（心态）.

A+T+T+I+T+U+D+E=1%+20%+20%+9%+20%+21%+4%+5%=100%。

正是我们对待工作、生活的态度能够使我们的生活达到100%的圆满！

4. 心灵感悟

写下你的体会吧！______________________________

____

____

____

____

____

三、我写我做

【身体力行】

★ 我将这样书写我的人字

提示：人字，我们谁不是从儿时就学着写呢？是的，世界上的每一个人一辈子都在写人字，有的人把人字写得浩气凛然、顶天立地；有的人把人字写得认认真真、堂堂正正；有的人把人字写得马马虎虎、歪歪斜斜；有的人把人字写得头脚倒立，栽进了兽的行列。你，一名大学新生，将如何书写你的人字？

★ 人生十戒

提示：许多人以“戒”的格式指导自己的人生，美国第三任总统、《独立宣言》的起草人托马斯·杰斐逊就是其中一个。他的人生十戒包括今天的事决不拖到明天、自己能做的事决不麻烦别人、决不要花费还不曾到手的钱等等。请你仿此给自己也制定一个人生十戒，如何？

★ 做一次服务社会的义工

提示：比如抽一个下午的时间到学校图书馆去帮助图书管理员整理图书或到公园去清洁美化一下周围的环境或到聋哑人训练中心去关心、辅导他们等等，通过这样服务社会与他人的义务劳动，既能提高自己对他人、社会的责任意识，又能深刻体验到自己的人生价值。

【活动周记】

通过价值观澄清训练等活动，你认识到你的人生价值观是什么了吗？你该如何做才能实现你的人生价值呢？把你的感悟记下来，用一种积极的心态去创造你的价值吧！

第四章

加强道德修养　锤炼道德品质

——道德选择行为训练

应该热心地致力于照道德行事，而不要空谈道德。

——德谟克利特

把“德性”教给你们的孩子，使人幸福的是德性而非金钱。这是我的经验之谈。在患难中支持我的是道德，使我不曾自杀的，除了艺术以外也是道德。

——贝多芬

对于道德的实践来说，最好的观众就是人们自己的良心。

——西塞罗

一、主题探讨

【实践活动设计思路】

在本章的理论教学中，我们已学习了道德的概念、特征、本质及道德的功能和作用，接着我们需要将道德的理论认知向道德行为、道德选择等道德实践进行转化。道德本身就是一种实践精神，只有体现在人们的实践行为中才能真正体现其价值。在本章的实践活动中，主要设计了三个活动板块，同学们可以通过“道德存在体验”感受道德就存在于每个人身边；通过“道德选择体验”领略道德选择的具体过程；通过“道德冲突体验”对一种非常特殊的道德选择即道德冲突进行深层次的理解。希望同学们能在多种虚拟的活动情境中，在两难的体验中寻找到进行道德选择的正确方法。

【知识链接】

★道德选择的由来

人类在任何实践活动中，只要面对着两个或者两个以上的实践活动对象或目标，就会面临选择的问题。而选择实际上就意味着不同价值观之间的比较、对立甚至冲突。在道德实践活动中，道德选择又可理解为是最重要、最基本的形式之一。其他的道德活动都必须以道德选择为前提和依据，也就是说，没有道德选择就没有道德活动。

★何谓道德选择

道德选择是在一定道德意识的支配下，根据某种道德标准，从现实社会中存在的多元价值取向、多层次道德规范以及善恶冲突中，所作的自觉自愿的取舍。

道德选择是一种最基本的选择，同时也是一种最重要的选择。这是因为道德实践活动是人类所有活动的一个基本层面，不论是政治领域、经济领域还是日常生活领域的社会实践活动，都具有一定的内在的道德意义。

★进行道德选择的条件

道德选择的先决条件有两点：第一，客观上存在着若干种行动方案，这是进行道德选择的前提；第二，行为主体必须具有行为选择的能力，这是进行道德选择的基础。也就是要求主体必须信守一定的价值准则和道德标准，必须理解特定的行为与这些准则和标准的联系，且必须有能力自主自愿地作出选择。究竟选择哪一种特定的行动方案，取决于行为主体自身的特点——主体的道德意识、价值观以及将行为与道德联系起来的方式等等。

★道德冲突的形成

通常情况下，我们只是在道德与不道德、应当与不应当、有价值与无价值、善与恶之间进行选择，但是社会情况是错综复杂的，并非非此即彼、非善即恶那般简单明了，这往往将我们推向道德的两难，从而形成道德冲突。

★道德冲突的内涵

道德冲突是在道德行为选择中因价值观和价值量的不同而发生的善恶矛盾和对立状态。道德冲突是一种特殊情形，是指在现实中存在着的几种可供选择的行为方案，且这些方案都是具有道德价值的，都是善的，无论选择哪种行为方案，都符合了某种道德原则，但同时却违反了另一种道德原则；为了实现某种道德价值，但同时却牺牲了另一种道德价值。

★道德冲突的形式

道德冲突包括同一社会不同道德价值体系之间的对立冲突和同一道德价值体系内部不同价值量之间的冲突两种形式。前者表现为善与恶、正与邪的冲突，后者则表现为大善与小善、高层次的义务与低层次的义务之间的冲突。

二、活动主题及训练过程

活动主题（一）　道德存在体验

1. 活动目的

通过对各种道德现象的认识和对亲身经历的道德事件的挖掘，感受道德切实存在而且影响深远。

2. 活动内容

（1）活动名称：道德故事连环画

准备：白纸、彩笔、透明胶带。

操作：每位同学将曾经亲身经历过的道德事件用彩笔描绘出来，绘制完毕后将自己的故事贴到墙上。

交流：首先同学们在本团队内部进行交流，接着每个团队选出1～2位代表与全班同学讲述自己亲身经历的道德故事，教师作总结，最后每位同学将自己的故事贴到教室的墙上，供大家交流欣赏。

思考：①让你印象最深刻的道德故事是哪个？如果你也遇到相同的情况你会怎么做？

②听了这些道德故事后，你认为道德在我们身边起什么作用？

（2）活动名称：道德现象研究报告会

操作：每个团队选取一个社会生活中的典型道德现象进行深入研究，围绕这一道德现象撰写一份5 000字以上的研究报告，研究报告中要包括对这一道德现象的详细描述、国内外学者及各方对这一道德现象的评述、这一道德现象折射出的问题等。

交流：召开道德现象研究报告会，各个团队派代表制作幻灯片，向全班同学介绍各自的研究成果，最后教师作总结，评出前三名。

思考：①本团队的道德现象调查报告还有哪些地方需要改进？

②哪些团队的道德现象研究引发了你的深入思考？

（3）活动名称：道德小品秀

准备：各团队准备小品表演所需的服装、道具、布景等。

操作：每个团队自编、自导、自演一个以道德为主题的小品，内容一定要原创，并且符合主题，要求有一定的思想深度并撰写出剧本。在全班成立评审团，对每个团队的小品表演进行评分，最后取平均分作为团队成绩。

交流：首先请各团队派一名代表介绍本团队小品的创作过程，所要表现的道德冲突以及活动中的收获，然后请评委或观众对各团队的表演进行点评，最后教师作总结。

思考：①哪些团队的表演给你带来了触动？

②哪些团队小品的道德选择是符合主流价值观的？

3. 与你分享

体验：是高校道德教育的一种回归

在道德教育中凸显体验是高校道德理论研究中的一个新视点。当前高校道德教育也需要进一步探寻体验在学生道德教育中的作用和意义。体验是人类生存的基本方式，具有重要的道德教育价值。在近现代科技理性占据了支配地位后，体验的道德教育价值一度被遮蔽。如果在高校道德教育中继续缺失道德体验，高校道德教育将成为“无根”的德育，从而丧失了教育的生活意义和人文关怀。因此强调学校道德教育回归体验，反映了道德学习规律的特殊性，体现了当前高校德育课程改革的新理念，是培养学生主体性道德人格、提高学校道德教育实效性的客观需要和必然要求。体验式学校道德教育应当是从文本走向人本、从独语走向对话、从知性走向德性、从灌输走向涵养的德育。实施体验式学校道德教育，必须植根于生活世界的沃土，引发道德体验的源泉；激发学生的道德需要，增强道德体验的动力；通过精心设计德育活动，搭建道德体验的平台；运用生命叙事，引导学生进行道德反思，唤醒和触发深刻的道德体验。总之，通过运用多种策略，淡化德育的“知性”，使道德发展成为一种充满体验、感悟的生成过程，才能不断提升学生的道德境界，增强高校道德教育的实效性。

4. 心灵感悟

写下你的体会吧！____

____

____

____

____

____

活动主题（二）　道德选择体验

1. 活动目的

在模拟情态下体验道德选择的过程，以检验自身的道德意识。

2. 活动内容

（1）活动名称：一般生存游戏

操作：请每位同学将自己置于下列情景中，回答问题并写下你的选择，要求真实反映所思所想。

有一艘航船在海上遇险，很快就要沉没，船上载有12人，但只有一艘至多能载6人的救生艇。现在请你根据自己的标准，选择能上艇逃生的6人，你会作怎样的选择呢?（不考虑体重因素）这12人分别是：72岁的医生、患绝症的小女孩、船长、妓女、精通航海的劳改犯、弱智的男孩、青年模范工人、天主教神父、贪污的国家干部、企业经理、新近暴发的个体户、你自己。

能上艇逃生的6人的顺序是____

你选择让这6个人上船的理由分别是________________________________

你没选择其他人的理由是

交流：首先进行团队内部交流，然后由各团队派一名代表在全班进行交流介绍。

思考：①你认为哪些同学的理由比较充分？哪些同学的理由比较牵强？

②在选择哪 6 人上船时该不该有一个统一的标准？

（2）活动名称：极端生存游戏

操作：请同学们将自己置于下面情景之中，回答问题并写下自己的选择，要求真实反映所思所想。

你和一个弱智男孩被关在一个密室中强迫进行一个生存游戏。游戏规则是你和弱智男孩只能有一个可以活着走出那个密室，你只有下面三个选择：第一，你杀死弱智男孩，选择自己独活；第二，你自杀，成全弱智男孩；第三，你和弱智男孩一起饿死在密室中。

整个生存游戏只有你和弱智男孩参与，无论你作何选择，都不会为世人所知。世人不会因为你选择独活而怨恨、责怪你，也不会因为你的无私、仁慈而宣扬你，也不会因为你的悲惨遭遇而同情你，因为他们都不知道这件事。

在这样的情况下，你会作出怎样的选择呢？为什么？

交流：首先进行团队内部交流，然后由各团队派代表在全班进行交流介绍。

思考：① 哪些同学的选择和你不同？这些不同的选择给了你哪些新的启发？

②在进行道德选择时，你认为遵循怎样的标准是比较合理的？

3. 与你分享

美国科学家发现大脑中“道德抉择”区域

随着脑部扫描技术的发展，人们得以逐渐窥探大脑这一人体中最复杂、最奇妙的器官。美国科学家运用扫描技术发现了大脑中负责作出道德抉择的区域。研究报告发表在最新一期美国《普通精神病学文献》杂志上。报告说，当人们处于道德上左右为难的境地不知如何是好时，大脑中相应区域会作出反应，引导他们作出决定。

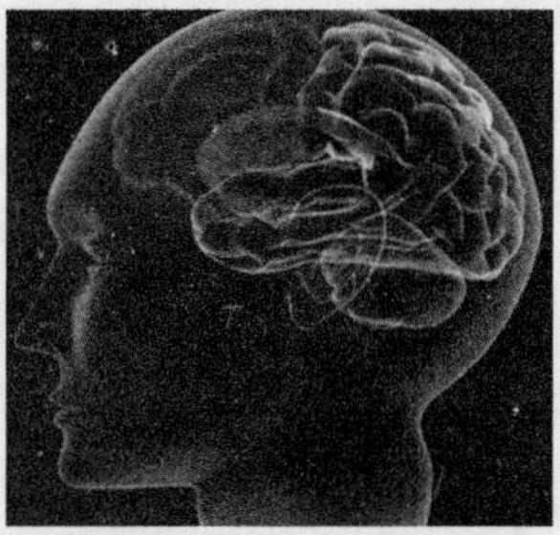

对脑部展开细致扫描后，美国加利福尼亚大学圣迭戈分校研究人员发现，引导人们作出这种选择的区域还与性、恐惧和愤怒等原始情绪密切相关。与理性思考和原始情绪相关的区域也会活动，影响最终决定。

报告说，人们权衡道德上两难问题时，大脑额叶皮层前部中间部分的活动会促使他们作出利他选择。这个区域还能影响智力和学习能力。

研究报告作者、加利福尼亚大学圣迭戈分校精神病学和神经科学教授迪利普·杰斯特说："这项研究显示，人类智慧的普遍特质可能有神经生物学基础。"

此次研究是对大脑专业知识、技能相关区域的重要探索。人们素来认为这一区域与宗教和哲学有关。

参与研究的托马斯·米克说："大脑的一些区域与不同类型的智慧相关。这一构造的目的似乎是平衡大脑中边缘系统等原始区域和前额叶皮层等较新区域。"

英国伦敦大学认知神经科学学院教授帕特里克·哈格德发现了大脑运用自由意志的区域。他说："现代神经科学不再把自主行为当成人性中的一个抽象特质，转而在大脑特定思维过程的基础上研究自主行为。"

节选自2009年4月7日新华网

4. 心灵感悟

写下你的体会吧！________________________________

活动主题（三） 道德冲突体验

1. 活动目的

通过案例讨论，理解道德冲突的特点，了解道德冲突的不同类型，培养在道德冲突中的道德选择能力。

2. 活动内容

（1）活动名称：道德冲突案例讨论

操作：阅读以下三个经典案例并回答各案例后的问题。

案例一：古希腊作家埃斯库罗斯根据神话故事改编的戏剧《俄瑞斯忒斯》，大概首演于前458年，讲述了一个可怕的血亲之间冤仇相报的悲剧：传说古希腊的统帅阿伽门农在特洛伊之战后，回到家乡迈锡尼，成为迈锡尼的国王，后来被妻子及妻子的情夫合谋杀害。阿伽门农的幼子俄瑞斯忒斯当时只有12岁，不得不逃亡他乡，他的成长过程中一直面对尖锐的道德冲突：是保持对母亲的爱，还是为父亲报仇。如果爱父亲就应该杀母以报父仇；如果爱母亲，就得舍弃为父报仇的愿望，从而放弃对父亲的爱，两者不能兼得，必须以牺牲一方为代价来选择另一方。

如果你是俄瑞斯忒斯，你会怎么选择？为什么？

____

____

案例二：欧洲有个妇人患了特殊的癌症，生命垂危。医生认为只有一种药能够救她，就是本城药剂师最近研制的一种新药。配制这种药成本为200元，但药剂师却索要2 000元。病人的丈夫海因兹到处借钱，最终才凑得1 000元。海因兹迫不得已，只好请求药剂师便宜一点卖给他，或者允许他赊账，但药剂师说："我研制这种药正是为了赚钱。"海因兹走投无路，撬开了药店的门，为妻子偷了药。

海因兹该不该偷药？为什么？假如海因兹不爱他的妻子，他是否应该去偷药？为什么？假如不是海因兹的妻子，而是他的朋友得了癌症快要死了，他是否应该去偷药？为什么？

____

____

____

案例三：我国民间流传过这样一个故事：山上有位老和尚苦心修行30年即将修成正果。山下有个镇，镇里有位员外，员外阴险毒辣，总想破坏老和尚的名节。某日，员外对自家一个颇有姿色的丫鬟说："你今晚到庙里去，一定要勾引老和尚让他破色戒。成功了，我重重奖赏你，但明日鸡叫时分若不能成功，我就将你乱棍打死。”丫鬟只得从命，进入庙中施展浑身解数色诱老和尚。可那老和尚整夜坐禅居然丝毫不为所动。眼看就要鸡叫了，丫鬟心想自己性命不保，便大哭起来。老和尚纳闷，忍不住问哭为何故，丫鬟指着他骂道：“你不是个真和尚！”老和尚不服气地反问：“我做错何事，怎么不是真和尚？”丫鬟喝道：“佛经上说，救人一命，胜造七级浮屠，而你却见死不救。”丫鬟便将事情的来龙去脉告诉了老和尚。这一下，老和尚着实碰到了两难的选择：见死不救，成不了佛；遇色成奸，同样也成不了佛。

如果你是老和尚，你会如何选择？为什么？

____

____

____

交流：依次请5位团队代表上台，交流对以上三个案例的讨论情况，并分享自己对道德冲突选择的感受和体会。

思考：①哪些同学的选择是比较合理的？

②在面对不同道德冲突时，我们应该采取什么原则进行道德选择？

（2）活动名称：道德冲突故事会

操作：编写一个包含道德冲突的故事，并设想出可能的答案或结局，最后分析故事所反映的问题。

故事设想举例：有个凶手到牧师A那儿忏悔说，自己杀了人但有个无辜的人却被警察错误地定为杀人犯。凶手忏悔道：如果自己承认杀了人，就得死；如果不承认，又感到内疚。面对这一情况牧师A犯难了：如果说出实情，则违背了牧师的职业道德；如果隐瞒实情，内心又会受到谴责。他想了一个办法：把这件事告诉了牧师B。牧师B采取了同样的方法，最后全国的牧师都知道了。牧师们解脱了，可那个无辜的人还是被处死了。

故事设想：______________________________

____

____

交流：各团队内部进行交流，每个团队选出最精彩的故事设想在全班交流。阐述编故事的灵感来源、要反映的深层次问题、故事中的道德冲突点以及故事结尾因不同的道德选择而可能产生的不同结局。

思考：①哪些同学的故事设想中道德冲突明显且最耐人寻味？

②哪些故事的结局还可以设想得更精彩？

3. 与你分享

正如存在主义先驱丹麦哲学家克尔凯郭尔所说，人生的困境不是善与恶之间的冲突，而是善与善之间的冲突，这种善与善之间的冲突会使人撕心裂肺，使人陷入深深的彷徨苦闷之中。道德冲突处境下的行为选择是道德生活中经常遇到的最棘手的道德选择，怎样才能摆脱这种道德困境，正确地选择呢？

我们需要识别道德价值的等级序列。道德价值的等级序列是为解决道德冲突所确定和衡量某种道德选择优先性的道德价值标准，那么如何确定道德价值的等级序列呢？现象伦理学的代表M. 舍勒尔提出了五个标准：价值持续的时间长短；在许多人共享时，被需要分开的程度；对别的价值的依赖程度；使人得到满足的程度；与情感类型发生关系的程度。

马克思主义伦理学认为，在道德价值的等级序列中，社会义务要高于个人义务，整体利益要重于个人利益，长远利益要胜于急功近利的短期利益。确定道德价值的等级序列的基本原则是“两害相权取其轻，两利相权取其大”，也就是说，低等级的准则要服从高等级的准则，以高等级的准则来指导自己的行为。

在某一特殊的选择处境中，为了实现更高的道德目的甚至会出现道德上的妥协。道德妥协是人们有意识地选择一种“迫不得已”的手段，牺牲某些道德价值，以保持更高级的道德价值。这种“迫不得已”的手段是在某一特殊的道德处境中必须采用的，不采用它就不能解决道德冲突。

此外，道德冲突的解决，要求人们有明确的善恶观念和较强的选择能力，而人们的善恶观念、选择能力主要是由其人生价值观决定的，故树立正确的价值观，努力培养和提高行为主体的道德选择能力是解决道德冲突的关键所在。

4. 心灵感悟

写下你的体会吧！______________________________

____

____

____

____

____

三、我写我做

【身体力行】

1．收集国内外著名的道德选择的案例。

2．采访你的亲朋好友（至少三位），让他们谈谈曾经面对过怎样的道德冲突选择，他们最后的选择如何。

【活动周记】

在学习了本章后的这一周里，也许有同学遇到了道德冲突的问题，也许有同学对道德选择又有些什么新的认识和体会，请你写下来吧！

第五章

遵守社会公德　维护公共秩序

——社会公德行为训练

要留心，即使当你独自一人时，也不要说坏话或做坏事，而要学得在你自己面前比在别人面前更知耻。

——德谟克利特

我们应该注意自己不用言语去伤害别的同志，但是，当别人用语言来伤害自己的时候，也应该受得起。

——刘少奇

不论你是一个男人还是一个女人，待人温和宽大才配得上人的名称。一个人真正的英勇果断，决不等于用拳头制止别人发言。

——萨迪

一、主题探讨

【实践活动设计思路】

在本章的理论教学中，我们主要学习了公德的概念、特征、内容以及社会公德的实践与养成等内容。为了让同学们将课本理论更好地运用到实践之中，将公德认知转化为公德行为，在本章的实践活动中，我们会通过大学生公德素质自测和绘制公德树这两个环节，帮助大学生了解、检测自身的公德素质水平，反省自己以往的非公德行为；通过校园十大不文明现象调查和网络道德文明状况调查这两个调查走访活动，正确认识校园文明状况，提高大学生自身公德意识，规范大学生公德行为。

【知识链接】

★公德概念

社会公德是全体公民在社会交往和公共生活中必须共同遵循的准则，是社会普遍公认的最基本的行为规范。简而言之，公德就是公共领域中公民的道德活动，它关系到其他公民的公共生活，关系到公共领域的正常秩序。

★公德与私德

公德是与私德相对而言的概念。梁启超先生曾经在他1902年撰写的《论公德》一文中将公德定义为“人人相善其群”，认为私德则是“人人独善其身”。他还尖锐地指出，中国人没有公德。可我们中国是礼仪之邦啊！如此论断岂不怪哉？但事实上，并非梁启超先生这么认为，在他之前的严复、之后的梁漱溟和鲁迅也作出过类似的判断。

翻开中国传统道德的卷轴，可以探寻到，对私德我们一直十分重视，而公德却鲜有人问津。一方面，中国人非常注重人际关系，注重做人，看重自己在熟人圈子中的形象；另一方面，中国人往往无意识地把自己跟陌生人之间画了一条泾渭分明的界限，有时甚至是一种排斥。

这种对亲朋好友的看重，进而衍生出的在私人领域的有德和对陌生人的冷漠和排斥，进而发展为在公共领域的缺德现象，也许可以从与墨家“兼相爱”针锋相对的儒家所主张的“爱有等差”“爱由亲始”那里找到文化渊源。

在熟人圈子里我们都想做谦谦君子，待人接物万分小心，谦虚谨慎常挂心头，而一旦面对生人顿时彻底放松身心，任性妄为起来。“反正他们又不认识我”“反正以后再也不打交道了”等类似的话，在公共场所做出出格行为后，时常在你我的口中或内心闪现。

随着社会的进步、新科技的发展、世界沟通交流的加剧，传统的熟人社会正大踏步地向生人社会迈进，我们不得不越来越多地同陌生人打交道，大量的公共生活充斥而来，对公德的要求呼之欲出。

★公德包括的基本行为

长久以来，不少人对公德的理解只停留在遵纪守法、不随地吐痰、过马路看红绿灯、上车买票等。其实这体现了一种基本道德，但这恰恰不是公德最主要的含义，公德包含了这些基本行为，但其核心精神是关怀一切公共事务的公共精神、公共道德，其中包括对政治、经济、公共文化事业等方方面面的关怀。

二、活动主题及训练过程

活动主题（一） 公德自测训练

1. 活动目的

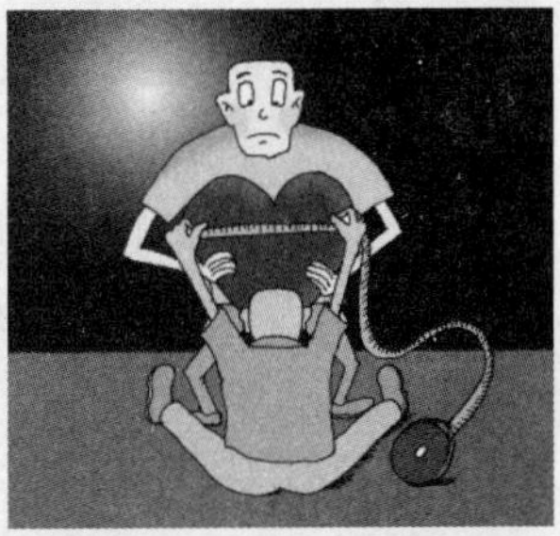

帮助大学生了解、检测自身的公德素质水平，反省以往的公德行为，以促进其未来做出更多符合公德要求的行为。

2. 活动内容

（1）活动名称：大学生公德素质自测

操作：填写下面20道大学生公德素质自测题，并根据题后的得分标准计算分数。

大学生公德素质自测

1. 面对一块实在吃不了的馒头，你会

A. 放好，或许有别的用处　　B. 值不了多少钱，扔了不可惜

C. 保存起来以后吃，不可浪费粮食

2. 如果看到别人没有关紧水龙头，自来水哗哗流淌着时，你会

A. 平常小事，无所谓

B. 觉得很浪费资源，但不是自己开的，不去管它

C. 马上把水龙头关掉

3. 你与同学约定一个时间去做某件事情，你会

A. 有其他事去不了，向他（她）解释道歉

B. 有时去得晚一些，或者根本不去也无所谓

C. 不管什么情况一定按时赴约

4. 你的口头禅中有脏话吗？

A．从来没有　　　　　　　B．有时有　　　　　　　　C．经常有

5．你考试作弊过吗？

A．有过一次　　　　　　B．两次或更多　　　　　　C．从来没有

6．如果有位朋友请你帮忙打架，你会

A．问明情况，看该不该帮忙　　　　B．重义气，欣然应允

C．断然拒绝并说明利害，予以劝阻

7．网络为我们提供了广阔空间，但是虚拟社会不像现实社会那样有监督、有制裁，对此，你的想法是

A．自觉遵守网络文明公约，做一个文明的网民

B．反正谁也不知道我是谁，搞个恶作剧也无所谓

C．网络正好为我提供了为所欲为的平台

8．你经常检点或注意自己的言行举止（比如坐、立、行、待人接物等）是否文明、是否符合礼仪要求吗？

A．一般不去注意，比较随意　　　　B．有时不注意

C．是的，非常注意

9．在遇到有人请求你的帮助时，比如推车、抬东西等，你会

A．毫不犹豫，尽力相助　　　　　B．拒绝或者不理会

C．看自己是否有时间、有能力而定

10．在学校倡议为患病同学或失学儿童捐款时，你捐过吗？

A．每次都捐　　　　　B．很少参与或者基本不捐　　　　　C．看具体情况而定

11．你偷看过别人的日记、信件吗？

A．有时觉得好奇，偷看过一点，心里一直过意不去

B．从来没有，那样不道德

C．经常这样做，感觉无所谓

12．在一项需集体努力才能完成的工作中，比如体育比赛、科技制作、知识竞赛等，你最关心的是

A．你个人在这项工作中的地位、成绩、形象等

B．你个人在集体中的贡献大小

C．集体成绩的高低

13．你的学校里，有一位不相识的同学瘸着腿上楼很困难，你看到了会

A．让开路，让他先走　　　　　B．嘲笑、躲避　　　　　C．上前扶一把

14．你经常称呼同学的外号吗？

A．从来不　　　　　　　　B．有时　　　　　　　　C．经常

15．下面列举的这些行为你有过吗？在墙上乱写乱画、攀折树枝、践踏草坪、用脚踹门。

A．偶尔有过其中一项　　　　　B．从未有过其中任何一项

C．有过多次或多项

16．你需要吐痰时，通常是

A．吐在手绢或纸中，扔到垃圾箱　　B．找个脏的地方吐　　C．随便吐

17．你在外面喝饮料或吃东西时，对包装袋、果皮等

A．扔到脏物多的墙角　　B．随地一扔，反正有人打扫

C．找个垃圾筒，或者暂时放在塑料袋中

18．你骑车或走人行道遇到红灯，而两边又没有横行车辆，你会

A．如果没有警察看到，就闯过去　　B．不管怎样，先过去再说

C．停在路口，等绿灯亮时再过

19．在公共场合与别人交谈时，你通常

A．轻声言谈，举止稳重　　B．如果不至于影响他人，就会大声说笑

C．毫不顾及，放声说笑

20．在公交车上遇到老人、抱小孩的乘客上车，你会

A．装作没看见　　B．主动让座　　C．实在没人让座，我才让

得分标准

	1	2	3	4	5	6	7	8	9	10	11	12	13	14	15	16	17	18	19	20
A	3	0	3	5	3	3	5	0	5	5	3	0	3	5	3	5	3	3	5	0
B	0	3	0	3	0	0	3	3	0	0	5	3	0	3	5	3	0	0	3	5
C	5	5	5	0	5	5	0	5	3	3	0	5	5	0	0	0	5	5	0	3

交流：统计全班各分数段学生人数，了解班级整体公德素质水平。以团队为单位，各团队选出此次公德素质自测得分的最高者和最低者，请他们上台与全班同学进行交流，谈谈他们对公德的认识，分析各自得到公德素质测试最高分和最低分的原因。

思考：①通过这次自测你认为自身的公德素质如何？

②你认为自己还有哪些公德素质是需要改进的？

③通过交流你认为怎样才能提高自身的公德素质？

（2）活动名称：绘制公德树

准备：白纸、彩笔、透明胶带。

操作：每位同学在白纸上画一棵树，在树上画出代表你曾经做过的符合社会公德行为的果子，并在白纸的右下方对这些行为进行简单的描述。

交流：以团队为单位将完成好的公德树贴到教室后的空白墙上，由老师进行点评，课后同学们观看交流。

思考：①通过这次公德树的绘制，你认为你以前的公德行为表现如何？
②哪方面的公德行为你还需要改进？
③你会通过哪些方面的努力来促进你未来的公德行为？

3. 与你分享

一生中应做到的100个公德行为

1.上公共汽车排队
2.主动给老弱病残孕让座
3.不给无人售票车投残币
4.不使用假月票、过期月票
5.乘车时互相礼让
6.下雨天避免溅湿行人
7.车流、人流互让
8.停车时不占位、占道
9.不向车窗外扔东西
10.不乱停放车辆
11.夜间开车时不开远光灯
12.不横跨隔离栏
13.过马路不闯红灯
14.不在便道上骑自行车
15.不占用盲道
16.不在街上乱吐口香糖
17.逛动物园善待动物
18.不伤害动物
19.不在自助餐上随意浪费
20.不在公共场所大声喧哗
21.不在墙上乱涂乱画
22.住宾馆爱惜房间物品
23.不在旅游景点乱刻乱画
24.不在景区攀折花果
25.不攀爬文物、建筑
26.关怀邻里
27.热心公共事务
28.关心国内外政治
29.野餐时不忘收拾残局
30.不损害文物古迹、设施
31.公共场所文明使用手机
32.看电影、与会不迟到
33.看演出时不妨碍他人
34.不在游泳池里小便
35.超市购物不偷吃偷尝
36.超市购物不乱拆商品封口
37.不在公共场合吸烟
38.不乱扔烟灰和烟蒂
39.文明乘火车、飞机
40.不制造噪音
41.不豪饮待客
42.不在大街上发传单、塞卡片
43.不乱张贴小广告
44.不大声喧哗
45.不随地大小便
46.文明用厕
47.摆小摊不让气味呛人
48.不损毁公用电话亭
49.不乱拴晾衣绳
50.不随手乱扔垃圾
51.对垃圾进行分类
52.不为图省事乱倒垃圾
53.不毁损过街天桥、地下道
54.安全燃放爆竹
55.不偷盗井盖
56.不在大街上烧纸祭亲人
57.不在公共场所放音乐
58.杜绝户外裸泳、裸奔
59.不让积水滑倒行人
60.不损毁行道树
61.公共场所不当众亲热
62.不随地吐痰
63.不在街头撒玻璃残渣
64.不践踏草坪
65.用餐不浪费
66.餐后剩菜打包
67.球场使用文明用语
68.多些温馨提示语
69.不在禁钓区垂钓
70.聚会狂欢时不撒野
71.拾金不昧
72.不用社区健身器材晾衣物
73.装修不扰邻
74.晨练放音乐不影响他人

75.主动清理宠物大小便
76.文明养宠物
77.尊重生命、善待宠物
78.不在楼道乱堆放物品
79.住高层不向窗外扔垃圾
80.不使用超薄塑料袋
81.不乱扔废旧电池
82.不在公共场所光膀子脱鞋
83.开车不冲卡逃票
84.不使用一次性餐具
85.不瞧不起外地人
86.杜绝自习室占位不到
87.保护公共图书
88.书店文明购书
89.阅览室内保持安静
90.不购买黑自行车
91.杜绝使用不文明网络语言
92.杜绝网络聊天室谩骂
93.不在网络上散布虚假信息
94.不打骚扰电话
95.不乱拨110之类报警电话
96.不传播垃圾邮件
97.不传播不文明手机短信
98.不使用古怪铃声惊扰他人
99.办业务时站在"一米线"外等候
100.文明放风筝

4. 心灵感悟

写下你的体会吧！

活动主题（二） 公德评价训练

1. 活动目的

通过调查，正确认识校园内外的公德现状，提高大学生自身公德意识，规范大学生道德行为，使学生明白公德就在我们身边，从小事做起，从身边做起，将公德认知转化为公德行为。

2. 活动内容

（1）活动名称：本校十大不文明现象调查

调查：每个团队在校园内（也可以到兄弟院校）通过调查问卷、观察记录或者DV拍摄等方式，将看到的校园文明行为和不文明行为及时地记录下来，

进行统计、分析和梳理，写出调查报告。

交流：请各团队派一名代表交流调查结果，然后汇总各团队的调查结果并进行全班讨论，制定班级文明公约，履行“校园文明，从我做起”的承诺，同学之间互相监督和考评。最后各团队针对一种校园不文明行为编写与此相关的校园不文明行为警示语，并将写好的警示语制作成警示卡片粘贴到校园醒目处。

本团队的警示语是____

思考：①这次调查活动给你的最大感触是什么？

②这些校园不文明行为，你是否也曾做过呢？

③在以后的生活中，你还会有这些不文明行为吗？

（2）活动名称：公德标兵评选

操作：以班级为单位，每班选取六位公德模范以及六位公德模范的推荐人。

交流：首先由各位公德模范上台介绍自己的公德事迹，然后由各位推荐人阐明推荐此名公德模范的理由。由各团队对公德模范进行投票，选出两位公德标兵。最后由老师对公德标兵进行表彰。

思考：①你评选公德标兵的标准是什么？

②听了班级里公德模范和公德标兵的事迹后，你打算以后如何践行公德？

（3）活动名称：网络道德文明状况调查

调查：每个团队在校园内通过调查问卷和随机走访调查网络道德文明状况，将调查结果进行统计、分析和整理，写出调查报告。

交流：请各团队派一名代表交流调查结果，然后汇总各团队的调查结果并进行全班讨论，制定班级网络文明公约和上网规范，并制作成卡片，发给每位同学。

思考：① 这次调查活动给你的最大感触是什么？

② 你是否也曾经做过一些网络不道德行为呢？

③ 你认为网络上的不文明现象可以从哪些方面杜绝？

3. 与你分享

公　德

冯骥才

在汉堡定居的一个中国人，对我讲了他的一次亲身经历。

他刚到汉堡时，跟随几个德国青年驾车到郊外游玩。他在车里吃香蕉，看车窗外没人，就顺手把香蕉皮扔了出去。驾车的德国青年马上"吱"地来了个急刹车，下去拾起香蕉皮塞到一个废纸兜里，放进车中，对他说："这样别人会滑倒的。"这件事给他印象最深，从此再也不敢随便乱丢废物。

忍无可忍　图/王泽培 新华社发

在欧美国家的快餐店里，有个不成文的规矩：吃完东西要把用过的纸盘、纸杯、吸管扔进店内设置的大塑料箱内，以保持环境的整洁。为了使别人舒适，不妨碍影响别人，这叫公德。

在美国碰到过两件小事，我却记得非常深。

一次是在华盛顿艺术博物馆前的开阔地上，一个身穿大衣的男人猫腰在地上拾废纸。当风吹起一块废纸时，他就像捉蝴蝶一样跟着跑，抓住后放在垃圾筒内。直到把地上的乱纸拾净，他才拍拍手上的土，走了。这人是谁，不知道。大概他看不惯这些废纸满地，就这样做了。

另一次是在芝加哥的音乐厅。休息室的一角是可以抽烟的，摆着几个脸盆大小坐地的烟灰缸，里边全是银色的细沙，这是为了不让里边的烟灰显出来难看，但大烟缸里没有一个烟蒂。柔和的银沙很柔美。我用手一拂，几个烟蒂被指尖勾起来。原来人们都把烟蒂埋在下面，为了怕看上去杂乱。值得深思的是，没有一个人不这样做。

有人说，美国人的文化很浅，但教育很好。我十分赞同这见解。教育好，可以使文化浅的国家人很文明；教育不好，却能使文化古老国家的人文明程度很低，素质很差。教育中的"德"，一个重要成分是公德。公德的根本是重视他人的存在。

我坐在布鲁塞尔一家旅店的大厅内等候一个朋友。我点着烟，看到对面一个人面前放个烟碟，就伸手拉过来。不一会儿，那人起身伸长胳膊往我面前的烟碟里磕烟灰，我才知道他也正在抽烟。我赶紧把烟碟推过去。他很高兴，马上谢谢我，并和我极有好感地谈起天来。我想当我把烟碟拉过来时，他为什么不粗声粗气地说：“哎，你没看见我正在抽烟！”

美好的环境培养着人们的公德，比如清洁的新加坡，有随地吐痰恶习的人也不会张口把一口黏痰吐在光洁如洗的地面上。相反，混乱肮脏的环境败坏人们的公德，比如纽约地铁，墙壁和车内外到处胡涂乱抹，污秽不堪，人们的烟头废纸也就随手抛了。

好的招致好的，坏的传染坏的，善的感染善的，恶的刺激恶的，世上万事皆同此理。

4. 心灵感悟

写下你的体会吧！________________________________

____

____

____

____

____

三、我写我做

【身体力行】

1.请你谈谈对公德和私德关系的理解。

2.阅读梁启超先生的《公德》一文，并写一篇读后感。

【活动周记】

在学习了本章后的这一周里，你又发现了哪些校园里的不文明行为，你对公德的理解又有哪些提高，请你写下来吧！

第六章

培养职业精神　树立家庭美德（上）

——敬业行为训练

人之所以愿意为工作献身，是因为他们有一种“天职感”，他们相信自己所从事的工作是神圣事业的一部分，即使是再平凡的工作，也会从中获得某种人生价值。

——马克思·韦伯

一、主题探讨

【实践活动设计思路】

职业精神本质上是一种信仰。对于信仰而言，更重要的是形式和实践。信仰要靠形式来支撑。对于敬业精神这种信仰，也需要训练来支撑，从而使人更加诚实勤奋、忠于职守、自立自强。职业精神的实践内涵应体现为敬业和勤业。因此作为未来入职的大学生，应及早明确和关注职业精神的基本要素，训练自己这方面的素质，在了解自己敬业倾向的基础上，通过采访自己所可能从事的职业活动中的敬业者，强化职业责任，端正职业态度，提高职业认同感和职业能力，才能做到敬业。

【知识链接】

敬业是职业精神的首要实践内涵，即社会成员特别是从业者对适应社会发展需要的各类职业特别是自己所从事的职业的尊敬和热爱。它本质上是一种文化精神，是职业道德的集中体现；是从业者希望通过自身的职业实践，去实现自身的文化价值追求和职业伦理观念。它是一种人生态度，是珍惜生命、珍视未来的表现。我们每个人都有责任、有义务，责无旁贷地去做好每一项工作，我们都应该为工作尽一份心、出一份力。职业精神所要求的敬业，承载着强烈的主观需求和明确的价值取向，这种主观需求和价值取向构成从业者实践活动的内在尺度，规定着职业实践活动的价值目标。

职业感和事业感的区别：人人都应该对自己的职业有一个清晰的自我定位。比如，有人认为工作的目的是为了生存，那么他确立的必然是一种职业认同感；有人认为他从事的工作是一份值得为之付出和献身的工作，他就会在此过程中实现自我的价值。职业感和事业感虽然只有一字之差，但是当我们以不同的态度去工作时，就会有截然不同的结果。职业感要求尽心尽力地完成相应的职业，遵守职业道德，而事业感则往往是自觉的，并且总是与某种价值观联系在一起。大凡富有事业感的人，他们通过工作所获得的，不仅仅是物质、荣誉等外在补偿，更重要的是获得了内心的满足感和自我价值的实现。因此，他们很少计较报酬，不在乎功名，他们所做的一切，只为追求一个完美的境界。在这样的境界中，他们会发现自己生存的意义，感受到幸福和自我满足。人类最具创造性的工作，往往都是事业感的产物。即使是从事平凡琐碎的日常事务，只要你从中找到一份独特的乐趣和满足，同样可以借此达到人生的某种意境。一个有事业感的人，他绝对不会狭隘地看待他的工作，他对自己的工作会有一种深层次的理解和认识。不论我们从事何种工作，前瞻性的眼光和思考对于我们的事业来说，都是非常重要的。在做好职业工作的同时开拓自己的事业，职业是基础，事业是发展。只有用事业的态度来对待自己的工作，才会在职业的发展中取得不断的进步，完成自己事业的规划。

一、活动主题及训练过程

活动主题（一） 敬业倾向测试

1. 活动目的

使同学们反省自己职业精神的不足之处，从而认识敬业的意义，为改进和提升自己敬业的思想和水平打下坚实的基础。

2. 活动准备

纸和笔。要求真诚地面对自己，适度地开放自己。

3. 活动内容

针对下列每一道题，选出最符合你意愿的答案：

1. 不拿公司的一针一线

A.不同意　　B.有点同意／有点不同意　　C.同意

2. 在规定的休息时间结束之后，立即返回工作场所

A.不同意　　B.有点同意／有点不同意　　C.同意

3. 一看到别人违反规定，立即向公司领导反映

A.不同意　　B.有点同意／有点不同意　　C.同意

4. 凡与职务有关的事情，要注意保密

A.不同意　　B.有点同意／有点不同意　　C.同意

5. 不到下班时间，不离开工作岗位

A.不同意　　B.有点同意／有点不同意　　C.同意

6. 不采取有损于本公司声誉的行为，即使这种行为并不违反规定

A.不同意　　B.有点同意／有点不同意　　C.同意

7. 有对本公司有利的意见或方法，都提出来，不管自己是否得到相应的报酬

A.不同意　　B.有点同意／有点不同意　　C.同意

8. 不泄露对竞争者有利的信息

A.不同意　　B.有点同意／有点不同意　　C.同意

9. 注意自己和同事们的健康

A.不同意　　B.有点同意／有点不同意　　C.同意

10. 接受更繁重的任务和更大的任务

A.不同意　　B.有点同意／有点不同意　　C.同意

11．在工作以外，不做有损于本公司名誉的事情

A.不同意　　B.有点同意／有点不同意　　C.同意

12．只为本公司工作，不兼职其他公司的工作

A.不同意　　B.有点同意／有点不同意　　C.同意

13．对外界人士要说有利于本公司的话

A.不同意　　B.有点同意／有点不同意　　C.同意

14．在促进商业利益的团体和场合，要显得积极

A.不同意　　B.有点同意／有点不同意　　C.同意

15．把公司的目标放在与工作无关的个人目标之上

A.不同意　　B.有点同意／有点不同意　　C.同意

16．为了完成工作，在工作时间以外，自行加班加点

A.不同意　　B.有点同意／有点不同意　　C.同意

17．不论在工作上还是在工作以外，避免采取任何削弱本公司竞争地位的行动

A.不同意　　B.有点同意／有点不同意　　C.同意

18．用业余的时间研究与工作有关的信息

A.不同意　　B.有点同意／有点不同意　　C.同意

19．购买本公司的产品或服务，不买竞争者的产品或服务

A.不同意　　B.有点同意／有点不同意　　C.同意

20．保证本人家庭成员也采取有利于本公司的行动

A.不同意　　B.有点同意／有点不同意　　C.同意

21．凡是支持本行业和本行业的人的行为，均投赞成票

A.不同意　　B.有点同意／有点不同意　　C.同意

22．为了工作绩效，要做到劳逸结合

A.不同意　　B.有点同意／有点不同意　　C.同意

23．在工作日的任何时间内及工作开始以前，绝对不喝烈性酒

A.不同意　　B.有点同意／有点不同意　　C.同意

问卷答案及敬业程度类型

敬业程度低下：不同意有6个以上。

敬业程度中等：不同意在3～5个。

敬业程度上等：不同意在1～2个。

敬业程度卓越：不同意为0个。

4．与你分享

敬业与否在我们的眼里是一种外在的行为，很多人认为无法在短时间里判断。

心理学认为，行为是人内在心理特质的反映，行为与心理特质具有一致性。当然我们也不否认人的行为具有情景性，所以本《敬业倾向测试》也加入了其他的测量。本测试维度的开发经历了无数次的建立与推翻，以敬业员工和不敬业员工的具体表现为依据，经过分散出题和集中讨论后，进行预测、挑选、补充题目，最后从中凝练提取测试题。《敬业倾向测试》效标验证选择的是效标关联效度，验证过程测试效度很好，是一套令人信服的心理测量软件。《敬业倾向测试》对受测者的个性因素、价值观、环境因素等方面进行详尽的心理测量，并综合评价其由此而来的敬业心理倾向。测试报告可以使企业决策者很充分地了解应聘者的敬业情况，从而作出有针对性的决策。

5. 心灵感悟

写下你的体会吧！______________________________

活动主题（二）　寻找各行各业的敬业者

1. 活动目的

了解各行各业敬业者的先进事迹，通过鲜活的人和事例，深化对敬业精神的理解。通过采访自己所可能从事的职业活动中的敬业者，了解职业责任，端正职业态度，提高职业能力，为提升敬业意识和精神打下坚实的基础。

2. 活动内容

（1）规则：每个团队自选某一个行业的敬业者的事迹材料，从职业责任、职业态度、职业能力三方面，将相关材料整理成一份汇报材料。在下一周各团队派一名代表上台进行敬业者事迹介绍，时间控制在8分钟左右。

（2）交流：全班同学就如下问题进行交流和探讨。

①听了各团队的汇报后，你对敬业精神的内涵的理解，较以前是否有所改变？有怎样的改变？

②你未来的理想的职业是什么？这一职业对你提出了哪些职业责任和道德的要求？如何做才能达到这些要求？

3. 与你分享

敬业精神是人们基于对一件事情、一种职业的热爱而产生的一种全身心投入的精神，是社会对人们工作态度的一种道德要求。它的核心是无私奉献意识。低层次的即功利目的的敬业，由外在压力产生；高层次的即发自内心的敬业，把职业当成事业来对待。有学者指出21世纪中国人最缺的就是敬业精神。据韬睿咨询公司（Tower Perrin）的一项全球范围内的调查，中国企业员工的敬业度要低于全球平均水平。

国　家	非常敬业	比较敬业	不够敬业
全球平均水平	14%	62%	24%
美国	22%	62%	16%
比利时	18%	67%	15%
加拿大	17%	66%	17%
德　国	15%	70%	15%
爱尔兰	15%	70%	15%
韩　国	9%	71%	20%
中　国	8%	67%	25%

中国出现的一些制假售假、贪污受贿等问题，主要就是由于人们缺乏“敬业精神”所致。比如，生产者无此精神而生产假货；管理部门无此精神使其泛滥成灾；上级领导监督不力使其猖獗。无敬业精神者必无真才实学，下岗是必然结果。所以敬业精神是社会的需要，个人和家庭的需要，也是适应未来竞争机制的需要。

什么是敬业？敬业，就是尊敬、尊崇自己的职业。如果一个人以一种尊敬、虔诚的心灵对待职业，甚至对职业有一种敬畏的态度，他就已经具有敬业精神。但是，他的敬畏心态如果没有上升到敬业，没有上升到视自己职业为天职的高度，那么他的敬业精神就不彻底，还没有掌握精髓。天职的观念会使自己的职业具有神圣感和使命感，也会使自己的生命信仰与自己的工作联系在一起。只有将自己的职业视为自己的生命信仰，那才是真正掌握了敬业的本质。一个人，如果没有基本的敬业精神，就无法成为一个优秀的人，更难以担当大任。

日本人是全世界公认的工作最敬业的民族，日本人的工作精神在世界各地都受到人们的赞扬。日本国土小，资源匮乏，没有什么伸伸懒腰就有饭吃的资本。要过得好，只有拼命加玩命工作！典型的日本人工作努力，讲究效率，注重企业的凝聚力。日本民族的敬业精神和做事务求尽善尽美的性格与其传统的“职人”作风关系相当密切。“职人”一般都具有很强烈的自尊心，他们常常把自己的工作做得好坏跟人格荣辱联系起来。因此他们对工作的严肃认真、手艺的熟练巧妙有着超乎寻常的顽固追求。哪怕是对待十分不起眼的工作，他们也务求尽善尽美，甚至超出使用需要，将其艺术化，并以此作风为自豪，为骄傲，为告诫其子孙的做人信条。由于日本这种传统的“职人”精神浸透在日本这个民族的骨髓中，融汇在日本全社会里，这就使得一般很普通的日本人也自觉不自觉地习惯于这种精神。在敬业这一点上，日本人确实是我们学习的榜样。

要提高我们的职业素质，必须从培养敬业精神开始。首先，培养敬业的工作习惯。如果你在工作上能敬业，并且把敬业变成一种习惯，你会一辈子从中受益。我们可以从两个层次去理解敬业。从低层次来讲，“拿一份钱，出一份力”，也就是说，敬业是为了对企业有个交代。如果我们上升一定高度来讲，那就是把工作当成自己的事业，要具备一定的使命感和道德感。不管从哪个层次来讲，“敬业”所表现出来的就是认真负责——认真做事，一丝不苟，并且有始有终。因此，把敬业变成习惯的人，从事任何行业都容易成功。养成敬业的习惯，或许不能立即为你带来可观的好处，但可以肯定的是，如果你养成了一种“不敬业”的不良习惯，你的成就就会相当有限。老板或主管都喜欢敬业的人，因为这样他们可以减轻工作压力，事情交给你放心。当然，有的人会想，现在找工作也并不只有一条路，此处不留爷，自有留爷处，不如过一天算一天。如此混混先生，只能一年到头去找工作了。其次，一个敬业的人，最根本的一点就是要对工作有一种发自内心的荣誉感与自豪感。任何一个人做事，首先得对自己的公司、工作有自豪感，如果一个人对公司、工作没有自豪感，肯定难以做好工作。松下幸之助就曾说过“五分钟了解一个企业”：不需要看它的规章制度，不需要看它的报表，不需要看章法，你只需要感受你看到的人的一言一行、一举一动，你就能感受企业背后有一股什么样的“精气神”在支撑着这个企业发展。只有对工作的自豪，才能焕发出对工作的热忱，也才能够将工作做到最好。

无数大公司长盛不衰的经验证明，对公司和工作的自豪感，正是公司的吸引力、凝聚力以及不断追求卓越的动力所在。所以对公司和工作的自豪感，也是所有大公司杰出员工修炼的第一内容。

敬业的最高境界是什么？就是把职业当成你的事业来看待。职业只是靠技能来服务于人和社会而谋生的手段；事业则是可以延续并由人继承的，像一种思想、一种理论、一种制度的创立和维护。

很多公司员工可能都会抱怨待遇不公，工作不顺，而这些怨言和愤怒使他们的职业生涯遭遇了许多困难和挫折，长时间得不到突破和晋级。如果能以事业的眼光看待职业的话，就会少一些怨言和愤怒，多一些积极和努力，多一些合作和忍耐，在一次次超越自我的过程中，不断拓宽自己的视野，提高自己的本领和技能。职业是事业成功的基础，职业生涯带给我们的经验与体验一定有助于我们在未来事业上的成功。所以在从事自己的职业时，要能树立一个明确的事业目标，以事业的眼光和态度做好职业，职业的发展和进步将帮助我们取得事业的成功。

4. 心灵感悟

写下你的体会吧！

三、我写我做

【身体力行】

★我的职业采访报告

从职业责任、职业态度、职业能力三方面，将采访得到的相关材料整理成一份报告，你从中发现哪些问题，请写下来。

【活动周记】

在学习了本章后，请介绍一种令你感动的敬业行为，并说明自己愿意长期培养职业习惯的一系列活动和步骤。

第七章

培养职业精神　树立家庭美德（下）

——恋爱婚姻道德行为训练

爱，是生产爱的能力。人必须竭尽全力促成自己完善的人格，形成创造性的心理倾向，否则，他追求爱的种种努力就会付之东流。

——弗洛姆

作为天使的挫折，给人动力和希望；作为魔鬼的挫折，把你带向一个永劫不复的地狱……挫折则是一把双刃剑，好好把握，勇于面对，它就是助你成功的天使；逃避现实，害怕挫折，它就是使你走向深渊的恶魔。

一、主题探讨

【实践活动设计思路】

恋爱，是人生中一个重要的环节。在很多人的眼里，如果一个人从来没有品尝过爱情的滋味，他的人生肯定是不完整的。确实，爱情就像一杯醇美的酒，让你沉醉其中，乐而忘忧。但是，既然是酒，它就会伤人，当你爱的人突然向你提出分手，然后毫无余地地转身离去时，你是不是感觉到了爱情这杯酒的苦涩和残忍？因为每一次回忆，对自己都是一种伤害。但是，当你和那个人之间的感情已经画上了句号，这时的你，不管心里有多少留恋和伤痛，你都需要尽快从那段失败的感情阴霾中走出来，重新找回属于自己的天空。毕竟，爱情只是生命的一部分，不是生命的全部。恋爱中的人往往会被爱的光环蒙蔽住眼睛，他们很难发现对方的缺点。有时恋爱只是一场梦，失恋才是梦醒。其实一次失败的恋爱总比一次失败的婚姻幸运。为此，我们设计了一系列的训练活动，使学生分清爱和喜欢，增强爱的识别能力和承受挫折的能力，期望有助于学生获得未来美好、幸福的生活。

二、活动主题及训练过程

活动主题（一） 倾听情感深处的回声

1. 活动目的

（1）考察自己所持的爱情观，澄清自己的爱情期望。

（2）区分爱和喜欢，提高识别爱的能力。

2. 活动准备

（1）纸和笔。

（2）要求真诚地面对自己，适度地开放自己。

（3）认真地倾听别人，尊重与接纳他人，不评价，不分析，不指责。

3. 活动内容

操作：

（1）选一封大学生恋爱的信件请同学分析爱和喜欢的异同。

（2）用纸和笔填写以下内容：

在确立恋爱对象时，我最注重的品质是____________________

对我而言，朋友是________________，爱人是________________

婚姻在我生活中所占的位置将会使______

爱情与我目前生活的关系是______

爱一个人是______，被人爱是______

我对于与异性交往中最困惑的是______

在两性情感的处理方面，我想得到的帮助是______

4. 与你分享

从喜欢到爱的路并不遥远，但要走到终点却不是一件容易的事。

爱是海，博大深沉。而喜欢，只是一条透明的小溪，唱着欢快的歌四处流荡，我们可以一眼望穿溪水，可以清楚地看见水底的鹅卵石和碧绿的水草。但我们却始终无法望穿大海，无法洞悉大海的内涵。

喜欢说："轻轻的我走了，正如我轻轻的来。"爱却说："我从来没有想到离别的滋味这样凄凉。"这一刻让我忽然间感觉好像一只迷途的羔羊……在不知不觉中泪已成行。爱一旦到来，就会时时刻刻陪伴在身旁。而喜欢，只是在百无聊赖时才会来，我们可以随时喜欢也可以随时不喜欢，因为这并不是一件十分重要的事。而爱却往往要用一辈子的承诺和永恒作为代价。喜欢可以变成爱，但并不代表所有的喜欢都能变成爱。把爱当成喜欢是一种悲剧；而把喜欢当成了爱也同样是悲剧……

5. 心灵感悟

写下你的体会吧！______

______

______

______

______

______

活动主题（二）　失恋挫折训练

1. 活动目的

（1）了解失恋的过程反应的心理机制。

（2）学习正确对待失恋的策略。

2. 活动准备

要求每个小组收集、讨论、分析一个因失恋而有过激反应的真实案例。

3. 活动内容

操作：选择几个小组同学——表演一位同学劝慰另一位失恋同学的场景，然后大家评选最佳劝说选手，最后教师点评。

4. 与你分享

人生难免会遇到挫折，我们应该沉着面对。

失恋便是常见的人生挫折。对任何人来说，失恋都是一种痛苦的情感体验，而且会造成强烈的心理创伤。无论意志多么坚强的人，只要真诚地爱过，面对爱的挫折都不可能无动于衷，为一段已结束的感情而伤悲是没有任何价值的，而在感情上人又是很难保持理性的。有的人说："治疗失恋最好的办法只有时间。"也只有时间才能洗刷掉内心的痛苦。所以问题的关键是要从失恋的痛苦中解脱出来，用新的快乐的事情充实自己的生活，才能营造好的心境，才能真正找回自己的天空。

5. 心灵感悟

写下你的体会吧！______

三、我写我做

【身体力行】

采访你的父母和亲朋好友（至少三位），让他们谈谈曾经面对过怎样的恋爱问题，他们最后的选择和处理如何？

【活动周记】

在学习了本章后的这一周内，也许有同学想起了恋爱中的一些问题，触动了自己的感情，也许有的同学对未来的恋爱婚姻有些新的认识和体会，请你写下来去探究吧。

第八章

增强法律意识　弘扬法律精神

——法律意识培育训练

法律就是秩序，有好的法律才有好的秩序。

——亚里士多德

自由是做法律所许可的一切事情的权利。

——孟德斯鸠

我不同意你说的话，但是我愿意誓死捍卫你说话的权利。

——伏尔泰

一、主题探讨

【实践活动设计思路】

在本章的理论教学中，我们已学习了法律的概念、特征、本质，了解了我国的法律体系、法律精神。本章的教学目的是要培养学生的法律意识和树立法制观念，加强法律修养，使大学生知法、守法。公民的守法行为不会自然产生，而是在一定法制观念、法律意识的指导下形成的。所以要培养学生的法律思维，使学生在日常生活中养成从法律角度思考、分析、解决法律问题的思维习惯。本章实践活动中，围绕法律意识的培养设计了两个实践活动主题：第一是生活与法律，通过活动使学生意识到法律与我们日常生活息息相关，生活中离不开法律，要重视法律思维的培养；第二是公民意识的训练，通过故事和社会现状的调查，使学生认识到为何要建设法制社会，帮助学生认识法律的重要作用与意义，增强学生学习法律的主动性，从而有效培养学生的法律意识。

【知识链接】

★法律意识

法律意识是社会意识的一种特殊形式，是人们关于法律现象的思想、观点、知识和心理的统称。法律意识的内容十分广泛，包括对法的本质、作用的看法，对现行法律制度的要求和态度，对法律规定的理解以及对人们的行为是否合法的评价等等。

法律意识是公民理解、尊重、执行和维护法律规范的重要保证，公民的守法行为不会自然产生，而是在一定法制观念、法律意识的指导下形成的。法律意识是敦促公民自觉守法的内在动力，也是公民自觉与违法行为作斗争的精神力量。它不仅是一种知法、守法的法制观念，而且包含对法律规范的理解和尊重，对法律规范的内在服从，是一种内化的、自觉的法治观念。因此具备了法律意识，就会做到不仅不犯法，而且能积极维护法律的尊严。

★公民意识

公民意识就是指作为公民的个人，作为处在国家这个社会共同体之中的一员，对自己的个人利益和社会的整体利益所抱有的一种基本看法，也就是公民自觉地以宪法和法律规定的基本权利和义务为核心内容，以自己在国家政治生活和社会生活中的主体地位为思想来源，把国家主人翁的责任感、使命感和权利义务观融为一体的自我认识。它围绕公民的权利与义务关系反映公民对待个人与国家、个人与社会、个人与他人之间的道德观念、价值取向、行为规范等等。它强调的是人在社会生活中的责任意识、公德意识、民主意识等基本道德意识。由于公民是生存于国家这个社会共同体之中的，因此每一个公民也都应该具有与这个国家相适应的公民意识。

二、活动主题及训练过程

活动主题（一） 生活与法律

1. 活动目的

提高大学生对法律的认知和理解水平，引导学生思考身边的法律问题，领悟法律精神，解答学生的现实困惑，增强学生法治观念，培养学生的法律思维。

2. 活动内容

（1）活动名称：法律故事讨论——二女争子

活动过程：

①老师讲故事，并提出问题：据希伯来传说，神赐给所罗门王极大的智慧，“如同海沙不可测量”。天下列王都差人听他的智语。《圣经·列王纪上》记载了这样一件事：有一天，所罗门王端坐在大神殿里的审判席上，有两个妇女抱着一个婴儿上殿来，哭哭吵吵地向他陈述一个案件。其中妇女甲指着妇女乙说：“我们两人，住在一起待产。我生下一个男婴的第三天，她也生下了一个儿子。当晚，她不慎把自己的孩子压死了。惊痛之余，她竟然趁夜深人静偷偷把两个孩子掉了包。我醒来发现怀中孩子已死，惊魂甫定后，仔细一看，才发现这死婴并不是我自己亲生的儿子。”妇女甲陈述未完，妇女乙就激动地向所罗门王抗辩道：“不！她说的是假话！死去的才是她的儿子。”而妇女甲则更激动、更大声地说：“活着的是我的儿子！我的儿子……”二女争子，吵得不可开交。这件天字第一号的奇案，一时间也难住了所罗门王。如果是你会如何判断？

②让学生们自己相互交流和讨论。

③说说故事的结局，提出问题：在所罗门王的那个时代，医学上还未发展到验血认亲、DNA亲子鉴定的地步，而同时，本案又没有丝毫其他的人证、物证可供参考。只见所罗门王沉思良久，突然睁开眼睛，发出一个简短的命令：“拿剑来。”甲、乙二女大吃一惊，拿剑来干什么？所罗门王说：“把婴儿劈开两半，一人一半。”此时，妇女甲失声痛哭：“国王啊，把孩子给她吧，我宁可不争了，请不要杀孩子！”而妇女乙则恶狠狠地说：“好啊，我既然不能得到，她也不能得到，干脆一刀两半，把孩子杀了吧。”此时，真相大白。按人之常情，只有亲生母亲才会委屈自己来保全孩子的性命。于是，所罗门王作出了一个千古传诵的判决：“把孩

子交给妇女甲，她才是真正的生母。”而狠毒的妇女乙，则受到法律应有的惩罚。相同的智慧故事也在中国上演，如《魏书·李崇传》中断子案、《灰栏记》第四折中的包拯断子案等等。裁判者与所罗门王使用的技巧完全相同。在故事中，所罗门王判案的依据是什么呢？

④让学生们相互交流和讨论。

⑤总结：所罗门王依据的是一种生活常识与生活经验——生母一般比其他人对孩子有更深厚的感情，舍不得让孩子被劈而死。这种生活常识与生活经验是世世代代积累下来的，可以超越时空岁月，为后世人们所用。所以说，法律与我们的生活息息相关，伴随我们从摇篮走向坟墓。从出生时起，我们就穿上法律的外衣，直到临近死亡脱下法律的外衣并通过遗嘱加以处置，法律伴随我们人生的始终。因此，那些觉得法律离自己比较遥远，“法律与我何干？学法干什么？不犯法就行”的想法在现实社会生活中是行不通的。

思考：①法律在生活中有何指导作用与意义？

②如何培养法律思维？

③你有何新发现？

（2）活动名称：案情再现

活动准备：

①选好案例，可由学生自己确定后经教师同意或由教师指定其他案件。将案例交给团队，指定团队负责具体案例排练表演。要求对案例内容保密，不得外泄。

②负责案例表演的团队课后要根据案情进行角色分工、准备道具和化妆，并进行彩排。

活动过程：学生现场表演案例。

案例一：

①案情表演：寒假过去，又开学了，初三（2）班李老师在学生报到注册的时候，又强调了发型问题。说实在话，“穿衣戴帽，各有一好”，留什么样的发型本来是小得不能再小的事了，可现在许多学校都把它当作一件不小的事来抓，其原因是指挥中学生留什么发型的不是教委，不是学校，而是歌星、影星、球星，学生以他们的形象来定位，结果生源不好的学校的学生常给人“街道痞子”“胡同串子”的感觉。李老师强调发型问题是有原因的。

三天过去了，班里的男生苏某还是留着长长的中分。这天中午放学后，李老师把他叫到办公室。老师问：“老师给全班同学提的发型要求你知道吗？这也是全校统一的要求，你知道吗？”“知道。”学生低声回答。“知道？知道为什么还不行动？”老师声调里带着几分火气。“我家里不让理，我也没办法。”学生理直气壮。就这样，师生对话的火药味越来越浓。最后，老师拉开抽屉顺手拿出一把剪子，嘴里说着：“那我替你理吧。”话到手到，苏某中间的一绺头发已剪下来了。

苏某一边护着，一边说："得，得，我自己去理，行了吧。"说完跑出了办公室。

苏某回到家的时候，其父正在喝酒。看见儿子捂着头走进来便大声喝问，以为儿子又在外面打了架，惹是生非。当听完事情原委后他便借着几分酒力，怒冲冲跑到学校兴师问罪，见到李老师开始还较理智，后来便破口大骂，在场的老师都为之瞠目。

正当大家纷纷上前劝解、家长还不依不饶的时候，一位两鬓银白、马上要退休的女教师乔某走上前去，嘴里说着："让你无法无天。"随手就给了苏父一巴掌，不知是这巴掌的功效还是苏父的酒醒了，反正此后骂声听不见了，只是听到苏父反复强调："正月里理头死舅舅，又不是文化大革命，凭什么给我孩子剃阴阳头……"此时外面已围了不少人，为了化解矛盾，年级组长便把他们带到校长室。

②讨论：如果你是校长，你会如何解决该纠纷？请从法律角度进行分析调解。

请全班同学一起参与到该案例中，假设你是案例中的校长，你会如何解决？请3～4位同学自愿到讲台上演校长的角色，解决该纠纷。看完不同同学演的校长以后，再以团队为单位进行讨论分析，团队选择一个最优方案，派代表到讲台上发表团队意见。让同学对刚才的不同方案进行投票，选出同学们认为的最优方案。

③最后请表演同学继续完成案例的结局：

校长热情地接待了他们。说来也巧，校长刚刚学完有关教育法学的课程，听完大家的陈述，觉得这是个比较典型的案例，借此也是对大家进行法制教育的好机会。校长认为，化解矛盾的最好办法是学法，使他们各知其错。校长先对家长讲："您看见孩子被剃了头心里不痛快，大家可以理解，有意见也可以反映，但跑到学校来吵闹、辱骂教师是不允许的，这是违法行为。"校长说着打开《教师法》翻至第35条："侮辱、殴打教师的，根据不同情况，分别给予行政处分或者行政处罚；造成损害的，责令赔偿损失；情节严重，构成犯罪的，依法追究刑事责任。"校长说完征询家长意见："您看咱这问题在学校解决好还是换个地方解决好？"家长赶紧表示自己错了，愿意赔礼道歉，说着站起来给李老师深深鞠了一躬。

接着校长转过身来对李老师说："您对学生严格要求，对工作认真负责是好的，但采取的方法不当，对学生的人格不够尊重。"校长打开《未成年人保护法》第三章找到第15条："学校、幼儿园的教职员工应当尊重未成年人的人格尊严，不得对未成年学生和儿童实施体罚、变相体罚或者其他侮辱人格尊严的行为。"就这一点来说，李老师应该向学生道歉。此时李老师已为自己一时鲁莽感到内疚，借着校长的话，诚恳地向学生和家长表示了歉意。对老师乔某，校长笑着批评她说："您站出来主持公道，这很不容易，但是您不该用违法行为制止违法行为。如果这样下去那不就乱上加乱了吗？"乔老师为人豪爽，当即向家长道歉，并表示校长批评得对，自己遇事不冷静，确实不应该。

④总结：通过这个案例我们需要看到的是，类似事件在学校教学活动中发生得

比较普遍，本案中老师强行给学生剪发，家长到学校来“兴师问罪”的事件等在现实中常有发生。当发生这类事件的时候，应该依照现有的法律来处理，虽然不是所有行为都有相应的具体法律条文，但我们也可以比照一些类似条文或者法律精神来解决。知法、懂法、具备法律意识是对每个公民的要求。具备一定法律素质，大家遇事都能冷静思考，注意以法律来规范自己的行为，对保证学校正常的教学程序非常重要，同时这也是保障自身权利的重要前提。

案例二：

①案情表演：自从小冀考了汽车驾照后，就变成了一个以车代步的人，平时出门， 无论是五分钟的路程或是五十分钟的路程，只要没下雨，他都习惯以车代步。这天天空下着大雨，小冀心想今天不能开车去上学了，只好认命地拿着雨伞， 搭车上学去。到了中午休息的时间，小冀突然发现下午要交的报告竟然放在家里忘记带了！ 于是，他决定回家一趟。

小冀习惯性地走到自己常停车的地方， 找了半天才记起今天并没有开车来学校。这时小冀发现有一台汽车的钥匙还插在车上，没有拔下来。小冀好心地把钥匙拔下来，本想把钥匙交给学校的警卫室，但他想起自己要回家一趟，今天刚好又没有开车，不如就借用一下吧！他估计了一下往返的时间，大概半小时内就可以回到学校了，到时再替车子的主人将钥匙交到警卫室，说不定车子的主人还不知道自己的车子曾被人借开过呢！在开车回家的路上，刚好碰上警察巡检，警察先生要求小冀拿出驾照来让他检查，没有驾照的小冀向警察先生解释，他只是借用一下这部汽车而已，并没有要偷窃的意思。

②讨论： 小冀的行为是否构成盗窃罪？

③总结：如果小冀能向承办的法官证明他并没有不法的意图，而且法官也相信他的说词，那么他的行为就不构成刑法上的普通盗窃罪。但因为有无不法的意图是属于个人的主观意识，要举证说明自己没有不法的意图是很困难的，所以只要不是自己的东西，最好都不要借用或替人看护， 以免惹祸上身却不自知。

案例三：

①案情表演：卢某系北京某大学计算机应用专业的学生。2000年6月，卢某从网上下载了“黑客”软件，破译并盗取了北京创原世纪公司的上网账号及密码。卢某不仅自己使用该公司的上网账号及密码，还得意地告诉同学：“这个账号是黑来的，不要钱就可以上。”2000年10 ~ 11月间，卢某在网上发布消息，以每100元使用三个月的形式，将该公司的账号及密码在网上销售，致使1 000多人使用该账号，从中获利4 000多元，导致该公司每月上网信息费用猛增，造成该公司16万多元的经济损失。当卢某因涉嫌盗窃罪被刑事追究时，他竟以没有偷东西为由替自己辩解。

②讨论：卢某的行为是否构成盗窃罪？

③总结：可见，知法绝不是对法律一知半解，它不仅要求对法律条文有完整准

确的理解，而且要求对法律精神、法律原则有一个正确的认识，同时要有一个健康的法律心理。

（3）活动名称：辩—辩—辩（大学生创业专题）

活动过程：

①案情介绍：也可由学生自己确定后经教师同意或由教师指定其他案件。

案例一：大学生创业负债100万

26岁的秦亮（化名）2003年在上海大学读大四时，通过熟人与中国联通上海分公司一级代理商上海美天通信工程设备有限公司取得联系，并得知美天正准备推广CDMA校园卡业务。秦亮认为可以发动老师同学购买，赢利几乎唾手可得。由于美天要求必须同公司签协议，秦亮和几个同学又发动父母成立公司。耐不住孩子的恳求，三个下岗母亲在经济开发区注册了上海想云科技咨询有限公司。

2003年3月，秦亮和想云公司与上海美天签署了《CDMA校园卡集团用户销售协议书》，约定想云公司在上海大学发展CDMA手机及UIM卡进行捆绑销售，并约定想云公司对校园卡用户资料的真实性及履行协议承担保证责任，用户必须凭学生证和教师证购买，一人一台等。如想云公司发展用户不真实，美天有权停机，想云公司承担不合格用户的全部欠费。

在同学、老师的帮助下，秦亮的"生意"一下子很红火。秦亮一共发展了4 196户，按照与美天的协议，秦亮和想云公司可拿到10余万元的回报。

美天支付给秦亮2万元钱后，2003年12月联通公司发现想云公司递交的几百名客户资料虚假，有一部分根本不是校园卡用户，还有身份证冒用别人的，最终导致了大量欠费。

美天为此赔偿联通442户不良用户的欠费52万余元，联通还扣减美天406部虚假用户和不良用户的手机补贴款28万余元。

美天将想云公司及秦亮起诉到法院，要求其承担上述赔偿款项，另赔偿美天406部虚假用户、不良用户手机的补贴差价6万余元及未归还的手机价款15万余元和卡款5 100元，总计100万元左右。

案例二：一门三锁锁死创业路

小王是某大学大三学生，大二时他就忙着在学校做市场调查，他认为定位中高档的男士精品店会很受学生欢迎。这学期开学不久，他和另外三位有创业想法的同学一拍即合，每人投资4 000元准备开店。

校园附近的孙老板有三间紧挨着的门面，其中一间门面闲置着。孙老板同意以12 000元转让这个门面两年的使用权。当时孙老板说她有这个门面三年的使用权，但不要让房东知道门面已经转租给他们，就说几个大学生是帮她打工的，以此避免房东找麻烦。9月10日，几名大学生和孙老板签下了门面转让协议书，并支付了7 000元钱。当他们开始对门面进行装修时，房东闻讯赶来。房东表示，他和孙老板签订的合同上明确写了该门面只允许开理发店，并且不允许转租。房东阻止他们装修，并和孙老板发生了冲突。房东将第一把锁挂了上去，接着孙老板也挂了一把锁。小王等人的玻璃货架等物品都被锁在里面，无奈之下他们也挂了一把锁。现在要进入这个门面，要过三道关。孙老板从9月20日起就无影无踪，手机也不开机，不作任何解释。房东也不愿意和他们协商，反正房租已经收到了年底。这可苦了几个大学生，交给孙老板的7 000元房租，加上门面装修的5 000多元以及进货花去的钱，4人凑的16 000元已经所剩无几。近日，孙老板终于出现，她提出，几个大学生将剩下的5 000元交上，再想办法和房东协商。如果要退还7 000元的房租，必须把已经装修的门面恢复原状并补偿她两个月的误工费。

②角色代理：由学生分别担任纠纷中利益冲突方当事人的代理人。

③辩论：原被告双方代理人对案例进行分析讨论，选派代表进行辩护，发表意见。

④交流：作为大学生的角色一起谈谈该案例对你的启示。

⑤总结：作为缓解就业压力、促进经济发展的一条重要途径，大学生创业从未像今天这样引起社会各界关注。但是，创业毕竟是一项事业，有一定难度，有很大的风险，所以更需要法律的保障。大学生受过高等教育，如果相对系统地学习了法律知识，就应当具有运用法律知识的能力以及寻找法律资源的渠道。与下岗职工、失业人员相比，按说他们更容易获得法律的保护。但目前的情况是，大学生在创业前很少认真了解与创业相关的法律内容，或者虽有所了解，但在实践中的众多环节上却忽视法律，在风险和利益同时存在的情况下，以赌博意识、投机心理和冒险行为替代理性的法律思维，以致造成一些惨痛的教训。加强大学生创业的法律意识教育，营造有利于大学生创业的法律环境，在鼓励大学生创业的同时，进行创业安全意识教育尤为重要。

思考：①为什么大学生自主创业法律应先行？

②大学期间如何加强法律知识的学习？具体措施有哪些？

3. 与你分享

谈到“法”这个字，大家都不会陌生，或多或少对它都有一定的了解。什么是法？法是安全的眼睛，懂法就能辨明正邪，认清是非；法是智慧的窗口，对人的思想进行点拨、行为加以制约。21世纪是一个法治社会，所以我们一定要了解法律的重要性，俗话说：“没有规矩，不成方圆。”我们知道宇宙中的星球，都在按照各自的轨道运行，否则就会发生天体大碰撞；马路上的车辆必须遵守交通规则，不然就会发生交通事故。我们生活在社会上，必然也要受到法律的约束，任何人一旦违反法律，就会被追究法律责任。

在这里，特别引用《大学生法律安全指南》一书前言里的一段开场白：年轻的朋友，当你戴着天之骄子的冠冕，欣欣然漫步大学校园，接受科学知识和高度文明教育的同时，你是否听到一丝丝不和谐的声音悄然袭来；当面对物质的诱惑，你会不会产生据为己有的欲望；当面对鲜艳的刺激，你会不会不能抑制青春的冲动；当面对暴力，你会不会手足无措；当面对伤害，你会不会束手无策……作为跨世纪的大学生，面对纷繁复杂的社会，不应该是“惶惶欲何之”的弱者。在加强社会主义民主法制建设的今天，大学生应该懂得用法律、纪律规范自己的行为；懂得合法合理、适时适度处理大学学习阶段的问题；知道用什么方式、通过什么途径去维护自身的权益。了解法律知识，领会法律精神是其中的一条基本途径。

4. 心灵感悟

写下你的体会吧！______________________________

____

____

____

____

____

活动主题（二）　公民意识训练

1. 活动目的

让大学生了解公民意识是法治国家的基础；培养大学生的法律意识。

2. 活动内容

（1）活动名称：分苹果

活动准备：

①准备故事；

②准备好一个苹果（正义之果）。

活动过程：

①由教师讲两个故事给学生听。

第一个故事是《孔融让梨》：孔融4岁时，已能背诵许多诗赋，并且懂得礼节。一日，父亲买了一些梨子，挑了一个最大的梨子给孔融，孔融摇摇头，却另挑了一个最小的梨子，说：“我年纪最小，应该吃小的梨，把那个大梨给哥哥吧。”

第二个故事是《母亲让孩子分蛋糕》：一位母亲，以前经常给儿子分蛋糕，但两个儿子似乎都不太满意，嫌自己的小，抱怨母亲偏心。这次，聪明的母亲制定了一个规则：由大儿子切蛋糕，由小儿子先选择。这样一来，大儿子在切蛋糕时就惟恐切得不平均了。

②分给每组一个苹果（只能有一个）——“正义之果”，学生拿回去分给2～4个同学吃，要保证吃不到的同学口服心服。大家要共同制定分苹果的规则，每个人都要参与，人人都要说出苹果有自己一份的理由，并要推荐组上其他三个最应分配到苹果的同学。

③交流：学生交流分苹果的规则、方法、过程和感受。

④总结：孔融4岁能让梨，表现了良好的礼让之风，是“圣人”之举。但生活中很少有这样的孩子，实际情况是，为了争抢食物，又哭又闹者居多。孔融可敬却很难学，有的时候甚至不能盲目乱学。我们要学会表达自己的诉求。肚子饿了一味礼让，那是虚伪；肚子饱了还要再吃，那是贪婪。母亲让孩子分蛋糕，从自己切蛋糕到让孩子分蛋糕，体现了让孩子参与的意识；让大孩子切蛋糕，小孩子先选，体现了程序设计的合理；而母亲也从蛋糕的分配者变成分蛋糕的监督者。在这个故事中，两个孩子都抢着要蛋糕，而且都想要大的，这比较符合生活的真实情况。人有各种生理需要，扼杀人的生理需要去讲礼让，这不够人道。在利益纷争面前，我们要学会制定游戏规则，学会通过程序规则做到公平合理，要通过程序让正义看得见、摸得着。通过分苹果，学会平等，学会参与，学会诉求，学会协商，学会妥协，学会文明理性地解决分歧，学会制定游戏规则，学会与别人分享果实。

思考：①公平、正义的社会价值是什么？

②你对培养公民意识有何建议？

（2）活动名称：“行人和非机动车违反交通安全法”调查

活动准备：

①选择调查地点；

②以团队为单位，队员进行具体分工，准备调查表格、纸、笔；

③活动在校外进行，注意人身安全，不妨碍交通和他人。

活动过程：

①观察的位置选择：分析路口位置与车流量、行人数量之间的关系；

②观察行人：大致确定行人的身份，少年（7～14岁）、青年（14～35岁）、中年（35～50岁）、老年（50岁以上）。

③统计：

第一类：行人违规情况

不走便道者的人数以及年龄、性别所占百分比；

闯红灯者的人数以及年龄、性别所占百分比。

第二类：非机动车（自行车、电动车、人力三轮车）违规情况

越线者的人数以及年龄、性别所占百分比；

逆行者的人数以及年龄、性别所占百分比；

非机动车在机动车道上行驶者的人数以及年龄、性别所占百分比；

骑自行车、电动车带成年人者的人数以及年龄、性别所占百分比；

在便道上骑车者的人数以及年龄、性别所占百分比；

与左转机动车抢道闯红灯者（大路口）的人数以及年龄、性别所占百分比。

违规情况	人数	年龄分布及百分比				性别及百分比	
		少年	青年	中年	老年	男	女
行人不走便道者							
行人闯红灯者							
非机动车越线者							
非机动车逆行者							
非机动车在机动车道上行驶者							
骑自行车、电动车带成年人者							
在便道上骑车者							
与左转机动车抢道闯红灯者							

根据以上表格，从不同角度分析违规原因。

④根据调查资料，分析统计数据，撰写调查报告并制作PPT课件。

⑤交流：每个队派代表讲解分析，每组选一位评委组成评审团评分。

评分规则：

A．项目（目的、步骤、收集的资料、资料的分析、治理对策）齐全得20分，不齐全扣20分；

B．内容详实（50分）；

C．思路清晰，有说服力（20分）；

D．语言流畅，抑扬顿挫（10分）；

3．与你分享

★公民意识

公民意识是法治国家的基础。建设现代化国家包括了许多方面，一个核心问题是人的现代化，重要标志就是国民成为公民并具有公民意识。社会学家指出，公民意识大致可以分为公民的法律意识、道德意识和信仰意识几个层面。现代公民意

识最核心的观念，应该是强调社会个体的主体意识和个体的主体解放，主要表现在维护、争取自身的自由和权利的强烈意识以及对社会中其他个体的自由和权利的关注、尊重与维护。

目前中国由于公民意识缺乏，严重阻碍了国人真正走向现代公民的步伐。一方面是让人无法企及的“圣人教育”；另一方面，却忽略了最起码的平等、民主、法治、公平、和平、诚信等公民价值观。这种反差几乎成为比较普遍的社会现象：在家庭中，缺乏平等意识，交流方式简单粗暴，不善于沟通；在工作单位，无视规章制度，缺乏参与意识和主人翁意识，随大流，混日子；在公共场合，你争我夺，不守规则，唯恐落后吃亏；与他人发生冲突时，不是通过文明理性方式解决，而是采取肢体暴力、威胁恐吓……再推而广之，从随地乱扔垃圾到脏毒食品的生产、从生意场上的欺诈到高考招生的黑幕、从学术抄袭成风到官僚滥用权力……不少人崇尚“规则是死的，人是活的”信条。在这种信条的影响下，各种正常的规则被践踏、被破坏，甚至被颠覆，出现了大量“潜规则”乃至“无规则”的现象，导致违约欺诈、恶意竞争、变相传销、假冒伪劣、坑蒙拐骗、偷税漏税、权钱交易等现象的滋生和蔓延……有学者指出，“千差距、万差距，缺乏公民意识，是中国与先进国家最大的差距。”

由于公民是生存于国家这个社会共同体之中的，因此每一个公民也都应该具有与这个国家相适应的公民意识。公民意识的养成是改革过程中思想价值观的重大调整，是建设社会主义法治国家的内在要求，是发展社会主义民主政治的基础条件，是构建社会主义和谐社会的一项重要内容。公民意识不同于人民意识，更不同于臣民意识和奴仆意识，正如党的十七大报告所指出的那样，其基本的理念是自由平等、民主法治、公平正义。

几年前震惊全美的辛普森杀妻案就是这么审结的。日裔法官在“全美国都知道辛普森就是杀人犯”的情况下宣布辛普森无罪，并当庭释放。这位法官在宣判完以后自己一个人躲在办公室里哭了起来——他也知道辛普森就是杀人犯，连辛普森自己都曾供认不讳的啊！但是，他和那些自始至终都呼吁法院判处辛普森死刑的人都接受了这个结果。那是一种真正的接受，怀着对法律的虔诚和尊敬的接受——因为这个判决是一个法律程序的结果。

法的正义包含实体正义和程序正义，但两者不能兼顾的时候，我们要如何作出取舍？英国哲学家培根曾就此有过精彩的阐述，“一次不公正裁判的罪恶甚于十次犯罪。因为犯罪污染的只是水流，而枉法裁判污染的却是水源。”实体正义和程序正义，无论哪一个，都不比另外一个距离真正的正义更近。但是，程序正义却离法律的正义更近。

★全国法制宣传日的由来

2001年4月，党中央、国务院批转了《中央宣传部、司法部关于在公民中开展法制宣传教育的第四个五年规划》，九届全国人大常委会第21次会议又作出了《关于进一步开展法制宣传教育的决议》。为了全面贯彻落实中央文件和全国人大常委会的决议，2001年5月，中宣部、司法部联合召开了第五次全国法制宣传教育工作会议，经党中央、国务院批转的“四五”普法规划明确规定，“将我国现行宪法实施日即12月4日，作为每年一次的全国法制宣传日”，这对于广大人民群众树立法律意识，增强法制观念，宣传我国社会主义的法制形象，促进依法治国与以德治国相结合，推进依法治国，建设社会主义法治国家的进程都具有重要意义。

2001年12月4日是我国历史上第一个法制宣传日。

历年全国法制宣传日主题：

2001年：增强宪法观念，推进依法治国

2002年：学习宣传宪法，推进民主法制建设

2003年：依法治国，执政为民

2004年：弘扬宪法精神，增强法制观念

2005年：弘扬宪法精神，构建和谐社会

2006年：落实“五五”普法规划，促进和谐社会建设

2007年：弘扬法治精神，推进依法治国

2008年：弘扬法治精神，服务科学发展

2009年：加强法制宣传教育，服务经济社会发展

2010年：弘扬法治精神，促进社会和谐

4. 心灵感悟

写下你的体会吧！____________________________________

____

____

____

____

____

三、我写我做

【身体力行】

1. 收集生活中最近发生的法律案例并进行分析思考。

2. 关注我国法律制度建设方面的最新动态。

【活动周记】

在学习了本章后的这一周里，也许有同学遇到了法律方面的问题，也许有同学对法律有了新的认识和体会，请你写下来吧！

第九章

了解法律制度　自觉遵守法律

——法律规范行为训练

法不阿贵，绳不绕曲。

——韩非子

刑罚可以防止一般邪恶的许多后果，但是刑罚不能铲除邪恶本身。

——孟德斯鸠

法律的制定是为了惩罚人类的凶恶悖谬，所以法律本身必须最为纯洁无垢。

——孟德斯鸠

一、主题探讨

【实践活动设计思路】

在本章的理论教学中，我们已学习了我国的宪法、民法、刑法、行政法、诉讼法等基本法律制度。目的是要学生通过学习相关的法律知识，提高法律修养。通过参与和体验法律实践活动，激发学生学习法律的兴趣和积极性，让学生了解法律的意义，从而促使学生主动了解、熟悉法律条文和法律程序，加深对法律精神的理解，并贯彻在实践中，做到知行合一。在本章实践活动中，通过“法律在我心中”知识竞赛活动促使学生主动学习法律条文，掌握基本法律知识；通过法律沙龙活动使学生更好地运用法律理论知识分析现实案例，培养学生解决问题的能力；通过模拟法庭使学生体验法律程序，培养学生法律权威意识和法律精神。

【知识链接】

★模拟法庭

模拟法庭亦称模拟审判，是指在教师的指导下由学生扮演法官、检察官、律师、案件的当事人、其他诉讼参与人等，以司法审判中的法庭审判为参照，模拟审判某一案件的活动。我们把它作为一种特殊教学方法运用于教学实践。作为一种特殊的法学教学方法，模拟法庭的目的在于在仿真的状态下，将所学到的法学理论知识、司法基本技能等综合运用于实践；通过对所选择的案例进行重演或者预演，使学生熟悉司法审判的实际过程，熟悉与案例有关的实体法与程序法；通过“亲身，亲历”参与模拟法庭活动，分析和研究案例，模拟案件的处理，解释法律规定，掌握案情与法律之间的关系，培养和锻炼学生发现问题、分析问题和解决问题的能力，提高学生语言表达能力、组织协调能力，检验学生法律知识学习成果，检验学生反应能力、思辨能力。同时，这也是对教师教学情况的检验。

二、活动主题及训练过程

活动主题（一）“法律在我心中”知识竞赛

1. 活动目的

普及法律基础知识，增强大学生的法律意识和法制观念；提升学生学习法律的积极性和主动性，帮助学生做到“知法、懂法、用法、守法”，提高大学生的法律素质和公民意识。

2. 活动内容

活动名称：宪法知识竞赛（可根据不同法的教学内容进行相应改变）

活动准备：

（1）与一般竞赛活动“精英游戏”不同，此竞赛要求全体学生都参与。提前布置学生预习宪法部分内容，要求学生了解宪法的基本内容，熟记宪法规定的基本条文。教师根据教学内容准备知识竞赛的题目和制定竞赛规则。

（2）每个队要准备一个生活中的案例进行讲解与分析，作为自救题。

（3）每个队要准备三块押分牌，分别是10、20、30。每队队员从1开始编号，并准备好号码贴于胸前。

活动过程：

（1）教师把宪法部分教学内容的知识点渗透于知识竞赛题目之中。由教师担任比赛的主持人，通过比赛过程对题目的分析，讲解相关的法律知识，有效控制教学和现场比赛的气氛。

（2）根据教学班的情况，活动可以一班为单位，也可以团队为单位；或者累计得分计算，以团队为单位竞赛，评选名次，每个班的团队又可累加进行班与班之间的竞赛，评选名次，以此类推。

（3）比赛的评委由每个队选派一名代表组成。

（4）比赛规则：

①竞赛由必答题、抢答题、风险抢答题、自救题四部分组成，题型有填空题、选择题和案例分析题。

②每个队都有100分作为基础分，在此基础上进行加减，得出最后得分。

③必答题每队3道题，每道题10分，答题时间为15秒钟，各队轮流作答。每队的队员按从左到右顺序编好序号，由主持人点号（每队同号码队员答题）完成本队的必答题，其他队员不得提示或补充，答对加10分，答错或答题超时不加分也不扣分。

④抢答题共20道题，均为单项选择题，每道题10分。每道题由主持人点一个号码，每个队的该号码的同学进行抢答，答题时间为15秒钟，在主持人读题期间不可进行抢答，答对加10分。在抢到题后，5秒钟内不能作答或作答超时、答错，扣10分，并将该题的答题机会给予其他队抢答。抢答以起立的方式进行，由最先起立的同学回答问题。其他队员不得提示或补充。参赛队如3次抢到题后不能回答或回答错误的，则取消该队的抢答资格。

⑤风险题，共12道题，均为多项选择题。各参赛队在主持人宣布题目前同时押分，有10、20、30三个分值，然后由各队派一名队员抢答。答题时间为30秒钟，可作一次补充修改。答对，则加相应的分值，超时、答错、不答的扣所押的分值。

⑥自救题：题型为案例分析题，每队一次自救机会，分值为30，各队自行从生活中选择一个案例进行讲解与分析。该题由评委商议后给出最后得分。

（5）公布比赛结果，根据实际情况设置奖项，适当予以物质和精神奖励。

（6）注意事项：采用竞赛的形式教学是为提高学生学习法律的热情和兴趣，目的是使学生更好地掌握与理解法律知识，增强法律意识。教师在主持竞赛的过程中要结合题目对相关法律知识进行讲解，引导学生对宪法知识的理解，避免学生只关注比赛结果，而忽略知识的掌握。要做到学习第一，比赛第二。

思考：①宪法在法律中的地位与作用是什么？

②作为一名中国公民，我对中国宪法的认识如何？

③在现实中如何正确行使宪法赋予我们的权利？应当如何践行公民的责任与义务？

3. 与你分享

宪法是法的组成部分，是国家的根本法，是民主事实法律化的结果，是公民权利的保障书。它是一定政治斗争的终点和起点，规定国家的根本任务、根本制度即社会制度、国家制度的原则、国家政权的组织以及公民的基本权利、义务等内容，具有最高的法律效力。正确认识宪法的概念，首先要认识到宪法能确切地定义为基础性的最高法律，用以组织和管理国家。其次，要认识到宪法是限制政府权力或保障人民自由的法律。宪法必当是人民主权的产物，政府应是人民的政府，但决不能将人民等同于政治或政府，政府只能以宪法的名义而不能以人民的名义进行统治，否则政府的权力就会失去控制。最后，我们应认识到，宪法是民主的结果，民主社会对宪法的要求就是要保障权利和实行分权，法国《人权宣言》说“凡权利无保障和分权未确立的社会就没有宪法”，不管分权与否或分权的形式是什么样的，政治权力要受到控制是民主社会的必然要求。在民主社会中，国家是人民主权的，宪法作为主权者意志的反映，必须要保护人民的权利；同时，人民并不直接管理国家，而要通过政府；但政府有可能侵犯人民的权利，为防止可能的侵犯，一要保障人权，二要控权。所以我们可以将宪法进一步理解为实现人民主权而规定公民基本权利保障及确定政府组织原则的法典。

4. 心灵感悟

写下你的体会吧！________________________________

____

____

____

____

____

活动主题（二） 法律沙龙

1. 活动目的

营造浓厚的法律知识学习氛围，搭建学习交流平台，培养学生学习法律的兴趣，调动学生学习法律知识的积极性和主动性，提高学生法学理论的实践能力，培养学生的创新精神和创造性思维能力。

2. 活动内容

（1）活动名称：普法宣传日

活动准备：

①海报纸、彩色笔。

②提前布置每队自由选取或教师根据教学需要指定某部分法律内容作为报纸的主题，制作一份手抄报。

③评审团：每队派一名代表组成评审团，准备评分。

附录宣传主题（供参考）：

A. 宪法就在我们身边

B. 新国家安全观

C. 宪法与人权

D. 3·15消费者维权日

E. 知识产权专刊

F. 法律与生活

G. 大学生犯罪的思考

H. 大学生与法

活动过程：

①每队制作一份法律知识手抄报，在课前规定时间同时张贴在课室里。

②所有同学浏览报纸（20分钟），在浏览时注意思考：

A．哪份报纸最吸引你？为什么？

B．哪份报纸的内容最新？

C．哪个案例最难忘或最有启发？为什么？

③评审团的评委要对每队的作品进行评分。

④交流：

A．围绕上述几个问题学生上台交流收获和体会。

B．谈谈这次制作报纸的收获和体会。

⑤公布比赛结果：根据评审结果，公布一、二、三等奖。

⑥总结。

（2）活动名称：今日一线

活动准备：

①教师在讲法律内容前把要求告知学生，每次课由一个队值日，循环轮流。

②每次课预留最后10分钟作为“今日一线”的时间。

活动过程：

①每次由一个队值日，担任“今日一线”的主播，负责收集最新法律热点案例或热点问题，或者最近发生在本班、本校学生中的案例，并作深入了解和分析，制作成新闻论坛形式的课件。

②每次课最后10分钟，由当天的“今日一线”的主播进行播报。

③听完“今日一线”后，可以组织大家现场交流讨论。

④现场观众可以提问，主播“今日一线”的队员答疑。

⑤总结。

（3）活动名称：法制影线

活动准备：

有关法律内容的影片，如《律政俏佳人1》《律政俏佳人2》《杀戮时刻》《费城的故事》《威尼斯商人》等。

活动过程：

①选取其中一部影片播放，提出几个问题，让学生带着问题观看电影。如在讲《合同法》时可选看《威尼斯商人》，要求学生思考：

A．两个商人之间签订的不近人情的割肉合同为何会具有法律效力？这种法律传统形成的脉络是什么？

B．影片中关于合同的理解与我国传统的理解是否一致？为什么？

C．观看影片对你学习《合同法》是否有启发？

D．此次观看影片你有哪些新的发现或新的感受？

②看完电影后要求学生结合影片从法律角度写观后感。

③课堂上交流观后感。

④总结：欧洲的文化传统观念非常重视合同，合同就等于法律，私人之间的合同也必须要由法律来强制保护，要用强制力来实现这个合同。它认为一个约定、一个合同就是法律，因为在合同里面，实际上体现的是经济强势阶层的物质利益。我们的文化传统观念认为，合同是两个人私人的事情，和政府是没有关系的。一个合同是两个当事人之间关系的开始，而不是终点，它是起点，所以直到现在，订立合同时，都有一条约定“本合同未尽事宜，由双方协商解决”，认为要给合同留有余地，不折不扣地执行，可能会导致经济利益完全偏向一方，所以希望能够协调。进入20世纪，尤其是20世纪末期以后，欧洲也发现中国的这个办法更好，可以获得双赢的局面，他们原来是片面地保护一方经济强势的地位，现在也觉得我们这个观念很好，先建立关系，然后再来慢慢发展关系。社会非常复杂，将来合同万一不能履行的话，可以用各种各样的方法来补救，大家可以双赢岂不是更好？这就是现代的观点。

（4）活动名称：说法—你—我—他

活动准备：

根据教学内容选取中央台《今日说法》节目中的案例短片。

活动过程：

①播放中央台《今日说法》节目案例短片中案情介绍部分。例如讲《继承法》时可选取《今日说法》的案例“遗产背后的纷争”，案情简介：

2004年11月23日，73岁的胡宗良病逝了，他留下了近60万元的遗产和一份公证遗嘱。胡宗良老先生在遗嘱中交代，他死后将他所有的财产，包括一套109平方米的住房，住房内的所有家具、电器、生活用品、衣物以及所有钱财全部赠予保姆张爱兰小姐，并且骨灰也由她处理。当胡老先生的两个女儿得到这份公证遗嘱的时候感到很意外，尤其是小女儿胡青更是不能接受。

保姆张爱兰说，胡老先生之所以把遗产全部留给她，一是出于感激；二是因为胡青在胡老先生生前没有尽到做女儿的义务，所以胡老先生才作出了这样的决定。张爱兰说，自从2003年底胡老先生患病住院做了气管切开手术到2004年底胡老先生病逝，这一年多的时间里都是她在胡老先生的身边悉心照料。胡老先生在遗嘱中也反复提到：住院期间，只有她（张爱兰）坚持在我身边照顾我、体贴我、安慰我，让我好好养病，想尽一切办法让我在医院里得到最好的治疗。事实上，胡老先生的亲生女儿忙于工作，虽说也来看望父亲，但是并没有时时刻刻陪在父亲的身边，这点胡老先生的主治医生和胡老先生的亲生女儿的说法一致。但在胡老先生长达3页的自书遗嘱中，他没有提及任何一位亲人甚至他的女儿胡青。

胡青在胡老先生去世的那段时间一直住在胡老先生的家里，有邻居为证。同时胡青也说出了另一个情况，这个现年三十几岁的保姆，早在多年前就和父亲有不同寻常的关系，因为这个，她的母亲就曾经把这个保姆赶出去过。没过多久母亲病逝了，胡青的姐姐远在澳门，胡青也远在深圳，都不在父亲的身边，于是父亲就打电话把保姆张爱兰又叫了回来。2001年，保姆张爱兰第二次来到胡家，这个时候她已经结婚并且有了自己的孩子。胡青说母亲去世后家里的所有财产都没有重新分配过，父亲这样处置家产是不妥当的。

在父亲去世半年后，胡青将保姆张爱兰告上法庭，要求法院撤销父亲的公证遗嘱，改由胡青姐妹继承遗产。

②角色串演：把学生分为案例中的不同的当事人，如该案中的保姆和女儿，让他们写下自己的观点和理由，每个角色选3～5名学生发表自己的观点。

③角色反串：把刚才学生串演的当事人对调过来，再让他们写下自己的观点和理由，同样选3～5名学生发表自己的观点。

④交流：让学生把刚才自己是不同当事人时写的观点进行比较，发现了什么？

⑤听听法学专家的观点：播放中央台《今日说法》节目案例短片中专家的分析意见。

首先，老人立遗嘱处理财产有两个前提：第一个是老人对其处理的财产享有所有权；第二个是老人的真实意思表示。如果确定了这两个前提，老人怎么处理他的财产都不过分。

本案中胡宗良老人在处理这个财产之前应当先进行析产，把属于他已经过世的老伴儿的那部分财产先给它剥离出去，那部分财产如果老伴儿当时没有留下遗嘱，将按照法定继承去进行分配。那么这个老人只有权利处理属于他自己的这部分财产，这部分财产就是除了他们的共同财产分一半之外，对于他老伴儿的财产，他也依法享有继承权，也有相应的这样一种份额，将这一部分合在一起，他才有权处理。

⑥总结：这个个案一方面让我们关注它的法律意义；另一方面，我们也必须要关注它的社会意义，就是说作为一个子女在面对这样的结局的时候也要去反思一下，我们对老人是不是关心得不够，我们是不是应该为老人付出更多。这个案子，可能给很多家庭提出类似的问题：我们到底应该用什么样的方法对待老人，与老人相处？

3. 与你分享

有一位诗人说过，法律的过去隐藏在原始的岩石里，是漫长的岁月一点一点将它造就。赞恩的法律故事就是从人还没有成为理性动物之前讲起的。伴随着火的发明、语言的产生和家庭的出现，产生了人类社会最初的制度和习俗。在漫长的岁月里，财产的概念发生了变化，最初的部落财产概念逐步、依次被宗族财产、家庭财产、个人财产的概念所取代，形成私有财产制度和所有权制度，并在此基础上产生了家庭婚姻继承制度。为解决争斗、伤害和杀人，社会群体创造了解决争端的习俗，于是产生了伤害赔偿制度。这是法律发展的一条主线，许多法律故事都是由这条线编织而成的。

法律的发展不仅伴随着生产方式和生活方式的变化，还伴随着人类精神的成长。从一开始，道德、宗教、习俗及正义的理念就是法律发展的基础。随着原始人良知的第一次闪亮登场，法律就走进了道德本能的发展阶段，在此以后，道德就成为法律的重要基础。正义的核心概念是每个人拥有平等承认的权利，它要求社会标准适用于一切人。正义的概念都来自原始人，但正义概念的发展以及对它与法律的关系的探讨源远流长，从不间断。文明人不断地发现、构想并宣布正义的检验标准，修订现存法律，使其成为正义的法律。希腊人的正义观、罗马人的万民法、近代资产阶级的自然法法则、现代国家的福利政策都体现了人类独立思维对正义的解释，他们把自己的思考确定为最终的智慧，也恰恰是这种集体的智慧成为法律发展永远依赖的基础。

4. 心灵感悟

写下你的体会吧！________________________________

____

____

____

____

____

活动主题（三） 模拟法庭

1. 活动目的

活跃法律部分教学内容，丰富教学实践环节，提高大学生对法律学习的兴趣、自学及实践能力。通过活动，使更多的学生了解法律，学法、懂法、守法、用法，做一个真正的法制公民。

2. 活动内容

活动准备：

①前期准备阶段，主要做三件事：

A．选择典型案件。所选案件是否适当是模拟法庭活动能否取得良好成效的关键。太简单的案件难以引起学生兴趣，太复杂的案件往往使非法律专业的学生如堕入云雾，不知所云。因此，要注意选择那些有一定代表性和社会影响力，有一定理论深度或争议的案件，特别是近年司法实践中出现的涉及大学生的新型案件。模拟法庭案件有三大类，即刑事案件、民事案件和行政案件。根据本课程的特点应着重培养学生的法律意识和思维以及关注非法学本科学生学习法律的非系统性，本活动所选案件一般局限于民事案件且与大学生相关，以引起大学生的兴趣和参与热情。

B．有序组织学生参与模拟法庭活动。模拟法庭作为教学方法之一，应当吸引尽可能多的学生参与。活动的组织非常关键。可按班把学生分成若干组，并规定学生必须轮流充当模拟法庭活动中的角色，如审判长（1名）、审判员（2名）、书记员（1名）、原告、代理人、被告、证人、法警（2名）等，并且指定学生应当完成一定任务，如搜集证据、撰写代理词、辩护词、判决书等，以此来推动学生参与模拟法庭活动。

C．请有经验的教师或法律界人士参与，指导学生进行模拟法庭的各项准备工作，即进行模拟法庭的模拟训练，包括接待当事人训练，调查证据训练，协商、谈判、调解训练，法庭辩论训练，各种法律文书写作训练等等。模拟训练将学生置于一个特定的虚拟情景之中，让学生去面对层出不穷的问题、困难和矛盾，培养学生独自处理各种困难问题、应对困难局面的能力，增加学生实战的感觉和经验，实践证明这是正确的方法。

②模拟庭审阶段：

模拟庭审力求真实。为保证模拟庭审与现实的司法实践相一致，事前可适当组织学生观摩、旁听法院公开庭审活动，近距离学习、观摩现实的司法实践活动。在模拟庭审前尽量邀请富有实践经验的法官、检察官对学生进行有针对性的指导，使学生理解自己所担任的“角色”。同时，在硬件方面，有条件的话，可以按照法院审判庭的标准仿制法院的审判席、原告席、被告席、国徽等，并借来法官袍、律师袍，力求学生在模拟审判中“真刀真枪”地进行审判。如果条件不允许，可动员学生自行制作一些简易的仿真道具，以增强模拟法庭的真实性。

活动过程：

①模拟法庭案件（也可由学生自己确定后经教师同意或由教师指定其他案件）：

案件一：大学生因参加校集训队训练影响学习丢学位

内容：××学校××男生在校就读期间，学校为了让他在大学生运动会上获得优异成绩，便让他搬出学生宿舍，进行封闭式不上课训练。学校口头承诺，若在大运会比赛获得前几名的好名次，学院可安排留校工作，并安慰参加集训队的学生不必担心影响学习成绩。××虽因训练影响了成绩，但他在校期间，已学完教学计划规定的全部课程且在大运会上取得了第七名的好成绩。但毕业后，学校仅发给他毕业证书，迟迟未授予学士学位证书且以总评成绩未达到70分驳回××向学校提出的授予学位的请求。

争议问题：

A．在上述情况下，总评成绩未达到70分是否应酌情授予学位？

B．总评成绩究竟是指各学期总评成绩还是四年全部必修课总评成绩？

C．既然是学校叫××参加集训队，学校是否应对××有一定的政策优待？

D．在大运会上获得第几名算好名次，学校才会给予安排留校工作？

E．口头承诺在有证人的情况下是否可作为庭审时的证据？

案例二：学生田某诉北京某高校案

1994年9月，田某考入北京某高校，并取得本科生学籍。1996年2月29日，在参加电磁学课程补考过程中，田某随身携带写有电磁学公式的纸条，被监考教师发现。监考教师按照考场纪律，当即停止了田某的考试。该校于同年3月5日按照本校有关规定认定田某的行为是考试作弊，按退学处理，4月10日填发了学籍变动通知。但是，该校没有直接向田某宣布处分决定和送达变更学籍通知，没有给予田某提出申辩意见的机会，且从未给田某办理退学手续。田某继续在该校以在校大学生的身份参加正常学习及学校组织的活动。在此期间，该高校为田某补办过丢失的学生证，每学年均收取田某交纳的学杂费，并为田某进行注册、发放大学生补助津贴，还安排田某参加了大学生毕业实习设计，并由论文指导教师领取了学校发放的毕业设计结业费。田某还以该校大学生的名义参加考试，先后取得了大学英语四级证书、计算机应用水平测试BASIC语言成绩合格证书。田某在该校学习的四年中，成绩全部合格，通过了毕业实习设计及论文答辩，且毕业论文被评为优秀，其毕业总成绩为全班第九名。

1998年6月，田某所在高校的有关部门以田某不具有学籍为由，拒绝为其颁发毕业证书，进而也未向教育行政部门呈报毕业派遣资格表。

田某遂向北京海淀区人民法院提起行政诉讼，认为被告的这种做法违背了法律规定。请求判令被告：一、为我颁发毕业证书、学位证书；二、及时有效地为我办理毕业派遣手续；三、赔偿我经济损失3 000元；四、在校报上公开向我赔礼道歉，为我恢复名誉；五、承担本案诉讼费。

争议问题：

A．学校是否越权处理此事？

B．学校在对田某的处理过程中，是否违背相关法律、法规和规章的规定？

案例三：大学生意外怀孕，校方勒令退学，学生控告校方

××学院××女生由于在读书期间意外怀孕，被校医院检查出后，上报学院，学院以严肃校规校纪、正确引导学生为由，依据原国家教委颁布的《高等学校学生行为准则》《普通高等学校学生管理规定》及该校《学生违纪处罚条例》等相关规定，给予两名当事人勒令退学处分。

争议问题：

A．学校是否越权处理此事？

B．该学院内部处罚是否合法？上述案件所提出的规定是否具有合法性？它是否有明确的依据存在？

（以上案件在模拟法庭上仅择其一进行庭辩）

②法庭模拟角色。

③法庭审判时的流程：

A. 开庭前的准备。各当事人进场，书记员点清当事人是否到齐并宣布法庭纪律，然后法官们进场，全体起立，坐下后，审判长敲法槌，宣布开庭，简述案由、当事人，介绍审判人员，然后告知当事人他们的诉讼权利和义务，问当事人有没有要回避的，没有的就继续进入下一轮，有的要延期审理。

B．法庭调查。首先由公诉人宣读起诉书或原告宣读起诉状，原告有代理人的要宣读代理词，然后被告自我辩护、有代理人的要宣读辩护词或答辩词。接下来双方轮流举证，并就证据能否被采纳或其证明力大小互相辩论。

C．法庭辩论。等双方举证完毕，审判长宣布法庭调查结束，开始法庭辩论。公诉人、被告人或双方当事人及其代理人会轮流发表对自己有利的对案件的处理意见，大家针锋相对，是整个审理中最精彩的部分。

D. 被告人作最后陈述（刑案）或双方当事人作最后发言（民案）。当审判长认为辩得差不多了，事实都辩清楚了，结束法庭辩论，进行最后陈述这一环节。

E．合议庭退庭评议，讨论如何判案。这是秘密进行的。

F．当庭宣判（很少这样）或宣布定期宣判。宣布完了以后，审判长敲法槌，退庭!

3. 与你分享

★米兰达规则

我们在美国的警匪片中经常看到美国警察逮捕人犯的时候，口中念念有词：“你有权保持沉默，你所说的一切都将作为对你不利的证据呈堂……”这就是法学界熟知的“米兰达规则”，它起源于美国1963年的米兰达案件。

1963年，有一个叫米兰达的美国小伙子，被一名妇女指控强奸。于是米兰达被捕了，审讯进行得很顺利，不到两个小时，米兰达就承认了，并且在供词上签了字。最后，这小子被判了20年。但令人想不到的是，后来他上诉到美国最高法院，理由也可笑之极。原来，根据美国宪法第五条修正案：“无论何人，除非根据大陪审团的报告或起诉，不得受判处死罪或其他不名誉罪行之审判，惟发生在陆、海军中或发生在战时或出现公共危险时服现役的民兵中的案件，不在此限。任何人不得因同一罪行而两次遭受生命或身体的危害；不得在任何刑事案件中被迫自证其罪；不经正当法律程序，不得被剥夺生命、自由或财产；不给予公平赔偿，私有财产不得充作公用。”米兰达的律师认为，根据这一原则，警察在审讯米兰达之前，应该告诉他这一权利，并告诉他有权请律师。因为警察在审讯之前没说这句话，所以米兰达的供词是无效的。法官支持了律师的这一意见，最后判米兰达无罪，并最终在美国确立了一条规则，任何警察在审讯嫌疑人之前，必须完整地、清晰地背出那句台词：“你有权保持沉默，否则你所说的一切都可能作为指控你的不利证据，你有权请律师在你受审时到场，如果你请不起律师，法庭将为你指定一位。”这就是米兰达规则。

★美国宪政第一案——马伯里诉麦迪逊

事情发生在200多年前，1800年美国总统选举，联邦党人亚当斯总统败给了民主共和党候选人杰弗逊。联邦党人利用宪法赋予总统任命联邦法官的权力，极力争取控制不受选举直接影响的联邦司法部门，借以维持联邦党人在美国政治生活中的地位和影响，以求卷土重来。1801年1月20日，亚当斯总统任命国务卿约翰·马歇尔出任最高法院首席大法官。参议院批准后，马歇尔于2月4日正式到职赴任，但他仍然代理国务卿职务，只是不领国务卿的薪俸。这种状况一直持续到1801年3月3日亚当斯总统任期届满为止。1801年3月2日，就在新总统上任的三星期前，联邦党控制的参议院通过法案，新增42个法官职位。威廉·马伯里身列任命名单之中。第二天，即亚当斯总统卸任的当天（1801年3月3日）夜里，即将换届的参议院匆匆忙忙地批准了对42位治安法官的任命。后人把这批法官挖苦为午夜法官（midnight judges）。按照规定，所有治安法官的委任状应由总统签署、国务院盖印之后送出才能正式生效。当时正是新旧总统交接之际，约翰·马歇尔一面要向新国务卿交接；一面又要准备以首席大法官的身份主持新总统的宣誓就职仪式，忙得一塌糊涂、晕头转向，结果因疏忽和忙乱，竟然还有17份委任令在马歇尔卸任之前没能及时发送出去。对于联邦党人在权力交接前夜大搞以党划线、“突击提干”的损招儿，新上任的民主共和党总统杰弗逊早已深感不满。当听说有一些联邦党人法官委任状滞留在国务院之后，他立刻命令新任国务卿詹姆斯·麦迪逊扣押了这批委任状，并示意麦迪逊将它们“如同办公室的废纸、垃圾一样处理掉”。于是马伯里拉上另外三位同病相怜的难兄难弟，一张状纸把国务卿麦迪逊告到了最高法院。他们要求最高法院下达执行令。

从法理上讲，公正的判决只有一个，即马伯里胜诉。可在当时，马歇尔知道如果以最高法院名义发布执行令，国务卿肯定拒绝执行，而且麦迪逊还可以引用宪法之三权分立为依据：你凭什么命令我？

马歇尔试探性地向麦迪逊发出质询令，要求国务卿解释为什么不递送委任状。果然不出所料，人家对质询令不仅不予理睬，刚刚形成多数的共和党还借此在国会猛烈抨击最高法院，指责质询令是对行政系统的越权袭扰。参议院进而通过法案，更改最高法院日程，迫使大法官们离京巡回办案至1803年。意图无非是采用拖延战术。

问题的关键在于谁有宪法的最终解释权。关于这一点，美国宪法没明说。于是在当时是个未知数。早在宪法起草公决期间（1787），作为一个年轻的著名律师，马歇尔就已经开始鼓吹最高法院的司法复核权。他当上大法官后无疑更是要想方设法抓住宪法。而麦迪逊作为宪法起草人之一，对宪法解释自然也是当仁不让。于是案子成了僵局。

1803年，大法官们回到华盛顿，马伯里案继续开庭。马歇尔落入两难境地，如果向麦迪逊发执行令遭到拒绝，则最高法院的权威就立即丧失；然而判马伯里败诉则更是违背法理，法院公信力将丧失殆尽。于是不管判赢还是判输，马伯里大法官都是输定了。三权分立的宪政制度在此受到严峻挑战。

马伯里的诉讼是直接呈送给最高法院。根据是国会1789年通过的司法法案第13条，该法案给予最高法院发布执行令的权力，然而宪法第111条第2款规定，“涉及大使、其他使节和领事以及以州为当事人的一切案件，其初审权属于最高法院。对其他所有案件，最高法院有上诉审理权，但须遵照国会所规定的例外与规则。”马歇尔对宪法这一条款作了一个颇有争议的狭义解释：最高法院没有初审权，因此无权发出执行令。据此，国会1789年通过的司法法案第13条与宪法矛盾，属于违宪因而无效。

马歇尔作出了历史性的判决：第一，马伯里的委任状通过了全部法律程序，尽管没有送达，仍然有效。麦迪逊扣押文书行为非法，侵犯了马伯里的合法权益。第二，既然马伯里的权益受到伤害，他就有权获得补偿。第三，既然马伯里应该得到补偿，那么他是否应该直接从最高法院以初审的形式获得呢？答案是否定的。因为宪法没有赋予最高法院对此类案件的初审权。也就是说马伯里求职心切，进错了衙门，他应该先到地区法院初审，最高法院只接受上诉。

4. 心灵感悟

写下你的体会吧！____________________

____

____

____

____

____

三、我写我做

【身体力行】

旁听一次法庭审判，并以“法庭所见所闻所感”为题写一篇短文。在市内外任一法庭旁听任一案均可，单独或自由组合为小组前往，持身份证在法院领取旁听证。

【活动周记】

在学习了本章后的这一周内，也许有同学遇到了法律方面的问题，也许有同学对法律有了新的认识和体会，请你写下来吧！

第十章

大学生廉洁修身教育

——廉洁修身行为训练

古之欲明明德于天下者，先治其国；欲治其国者，先齐其家；欲齐其家者，先修其身；欲修其身者，先正其心；欲正其心者，先诚其意；欲诚其意者，先致其知；致知在格物。格物而后知至，知至而后意诚，意诚而后心正，心正而后身修，身修而后家齐，家齐而后国治，国治而后天下平。自天子以至于庶人，壹是皆以修身为本。

——《大学》

权力是一副催情剂，色是一把刮骨钢刀，现在纪委查处的干部，百分之九十以上都有二奶；权力也是夺命符，多少领导干部，因为没有把握好自己，以权谋私，最后走上了断头台，因此，权力也是试金石。

——汪宛夫

千万不要干那致命的第一次！第一次，是最致命的一次，是把自己由领导干部转化为违法犯罪分子的一次！只要你不干这可怕的第一次，第二次及第三次就根本无从谈起！因为，开始也有一个过程。从最初的害怕到痛苦，最后是习以为常！

——汪宛夫

一、主题探讨

【实践活动设计思路】

本专题按照生动性、趣味性、知识性、参与性与思想性相统一的要求，通过设计一些与《廉洁修身（大学版）》教学内容相关和比较符合学生生活实际的主题活动，意在促使学生把课堂上学习到的廉政知识运用到活动中，在潜移默化中培养学生的廉洁意识和观念。例如通过团队活动让学生从自己感受到的大学生活或社会中一些有背廉洁修身的行为或现象中选取一些案例，通过团队的共同设计，以同学们喜闻乐见的方式如演讲、话剧表演、视频、诗歌等，直观形象、生动具体地表现出来，从而认识到腐败及不廉洁行为的危害，树立初步的廉洁意识，思考自己该如何做到廉洁修身；通过算账教育，使学生权衡腐败的利与弊、得与失……使学生在实践活动中感受到廉洁修身对于国家、团队、个人的极端重要性，领悟到做人做事都必须“以廉为本”，真正懂得“勿以善小而不为，勿以恶小而为之”的人生哲理，在思想上筑起一道拒腐防变的“堤坝”，从而更加有效地激起大学生的正义感和社会责任感，增强廉洁自律的意识，提高防腐免疫力，为今后踏上社会和走上工作岗位注重廉洁自律、做到洁身自好奠定基础。

【知识链接】

大学生是民族的希望，是祖国的未来，也是未来社会的中坚力量，在他们中间深入开展廉洁修身教育，弘扬廉政文化，培育廉政理念，既是广东高校开展《廉洁修身》教育、落实教育部关于廉洁文化“进校园，进教材，进头脑”的要求，也是涤荡校园风气、净化校园环境、培育合格人才、积极构建腐败惩防体系、切实加强大学生思想政治教育的重要举措。

大学生是一个特殊的群体，有其独特的心理、思想、行为等特点，他们理论水平较高，接受能力较强。但是大学生年纪尚轻，社会阅历较浅，由于自己理论修养和政治经验不足，看问题容易片面、偏激，如果缺乏辩证的引导，容易出现“极左极右”的思想，要不就只看到社会的阴暗面，贪官横行，腐败普遍，认为天下乌鸦一片黑；要不就认为在大学生中进行廉洁修身教育没有必要，大学生依然在求学，无权无势，想腐败也没有可能，没有看到在社会不良风气冲击下，发生在大学生身上的论文抄袭、考试舞弊、简历造假、肆意毁约、毁坏偷窃公私财物、借钱高消费、违反校规校纪等现象已屡见不鲜，部分学生干部甚至在学生组织选举中公然请客吃饭拉选票，对社会上所谓的拉关系、走后门、找靠山、请客送礼等不正当竞争手段“了然于心”。这就决定了在大学生中开展廉洁修身教育须具有很强的针对性，反腐倡廉教育内容要丰富和切合大学生的思想和生活实际，要力争做到思想性、知识性、趣味性、教育性相统一，才能为大学生所接受并落实到行动中。

人的思想品德的形成和发展规律也证明，要使课堂上灌输的廉洁理论真正内化为学生的道德信念，陶冶学生的道德情操，最终外化为道德行为，不仅需要深刻的理论阐述，晓之以理，动之以情，更需要生动事迹的熏陶、高尚人格的感染和典型案例的警示，尤其是一些需大学生参与其中的社会实践活动更成了关键的环节。

二、活动主题及训练过程

活动主题（一） “大学生反腐倡廉教育”团队会演活动

1. 活动目的

认识大学生活或社会中的一些有背廉洁修身的行为或现象及其危害；培养团队的参与、合作意识和个人对集体的责任感、荣誉感；树立初步的廉洁意识，思考自己该如何做到廉洁修身。

2. 活动准备

（1）分队：把每个自然班分成几个团队，各团队选出一名队长负责对活动进行组织和策划，要求每个队员都必须参加。

布置活动主题：提前1个月把活动主题和形式告诉学生，让学生用一个月的时间去准备。紧扣《廉洁修身（大学版）》，选择其中一个自己感兴趣的话题作为团队活动的主题。最好是围绕当前大学生中表现出来的先进典型或存在的一些不良行为（如大学生考试作弊、论文作假、逾期不还贷等）来进行。

（2）表现形式：小品、上10分钟的课、小辩论、主题视频、朗诵、剪报集锦、手抄报等。

（3）有关道具由学生视活动表现形式的需要做好相应的准备，如话剧表演的服装、化妆品等。

3. 活动内容

（1）由每个团队进行10分钟以内的现场展示，活动时间共3节课。

（2）选出评委和监票人：每个队推荐一名代表当评委，视分队情况选出7～9名评委，对各队的现场表演进行评分。同时，选出三名监票人：1人唱票，1人记分，1人监督。

评分标准：总分50分，把评委的评分去掉1个最高分和1个最低分，其余分数进行平均，作为团队活动所得分数，计入平时成绩中。

教师不参与评分。评分标准如下：

主题突出，内容符合要求：15分；

队员参与度高：10分；

表现形式多样、感人：12分；

时间把握度：8分；

观众反应度：5分。

（3）宣布结果和点评：由教师宣布结果并进行总结性发言，概括经验，对优点加以表扬，对存在的问题进行点评。

（4）学生交流：留出一点时间让各队进行交流，畅谈感想，巩固活动成果。

思考：①大学生廉洁修身的必要性是什么？

②大学生如何做到廉洁修身？应该树立哪些意识？

4. 与你分享

如果你从政，请不要当官场“四客”

干部“天花板”成为2009年党建十大热词之一，引发了广泛讨论。在当今官场中，一些人为了突破仕途“天花板”，常常不真抓实干，而总是想到投机取巧，运用一些华而不实的招数来达到自己的目的。这些人的具体表现各有特点，可以称之为“四客”干部：“跳客”“秀客”“谈客”“看客”。

“跳客”，是指总想当高官，不安于本职，频频“跳槽”的人。这种人精于算计，善于钻营；不把聪明才智用于工作，而用于谋划个人升迁；占着位置不专心干事，把现任职位当成临时性的跳板。他们像弈棋的高手一样设计个人仕途：占着现有位置，盯着下一个位置，谋划第三个位置……伸出长长的触角，密切关注着官场的人事动向，苦苦搜寻升迁的捷径。他们不是干一行，爱一行，专一行，为官一任，造福一方，而是干一行，混一行，涮一行，为官一任，镀一层金。他们跳跃前进的频率极快，新位子还没坐热乎，又一个靓丽转身，跳到更高的位子上去了。

“秀客”，是指工作中弄虚作假，善于表演、作秀的人。这种人精通歪门邪道，喜好玩弄江湖之术，吹吹拍拍，拉拉扯扯，编织关系网。他们是做表面文章的高手，工作投机取巧，不求实效，追求短期行为，专取“短平快”效果，那些打基础、利长远、显效慢的工作，他们认为费力不讨好，尽量避开。他们热衷于面子工程、形象工程之类，为制造热烈场面、轰动效应，惯于玩弄权术，欺上瞒下，滥用职权，胡乱决策，不惜造成劳民伤财的严重后果。

“谈客”，是指不踏踏实实干工作，而以夸夸其谈为能事的人。这种人好高骛远，爱说大话、唱高调，颇似天桥的把式——光说不练。他们初到一任，不深入调查研究，不依靠科学论证，凭着主观愿望和想当然，就发布“超越前任”的工作思路，制定看似鼓舞人心、实则脱离实际的宏伟目标，提出貌似响亮豪迈、实则空洞无物的口号。他们工作的着力点不在“干”，而在“喊”。上级发布了新的精神，他们迅速开会，“不折不扣、原原本本”地传达贯彻，看似跟得比谁都紧，实际是原封照搬上级的文件，跟着高喊一通了事，并不准备下真功、用实劲，不付诸切实可行的措施。向上级汇报起来，则大肆自我吹嘘，竭力掩盖问题。

“看客”，是指自己不好好干工作，专爱吹毛求疵、指手画脚的人。这种人心胸狭隘，感情冷漠，对党和人民的利益漠不关心，对所在单位的工作冷眼旁观。他们大事干不来，小事又不干。别人埋头工作，他在一边看。人家干得好，显得比他强，他便心生妒意，或冷嘲热讽，飞短流长，或评头品足，鸡蛋里挑骨头；看出人家有缺点或疏漏，也不善意地指出，等到人家出了差错，发生了失误，他才幸灾乐祸，借机生事。

上述对“四客”的辨识，仅是就特点而言，并不是对人的截然划分。有的人可能一身兼有多“客”的特点。

“四客”在官场中不仅存在着，而且往往还生存得有声有色，有滋有味。这种人数量不见得很多，但对干部队伍整体素质的销蚀作用，对党和人民事业的败坏作用，不可忽视。

每个领导干部都应该对着这四面镜子照一照，看看自己身上有没有“四客”的影子；作为干部的主管部门和主管人，应该从中找出相关机制和工作中存在的缺陷和弊端，采取有效措施，让“四客”无逞伎之机，无容身之所。

摘自《人民论坛》（2010年第3期）作者：孙恒杰

5. 心灵感悟

写下你的体会吧！

活动主题（二） 算好人生账，做廉洁公民

1. 活动目的

通过开展算政治账、经济账、名誉账、亲情账、自由账和健康账“六笔账”的“人生算账”教育活动，从算账中权衡腐败的得与失、利与弊，自觉抵制各种诱惑，树立正确的权力观、价值观和利益观，做廉洁公民。

2. 活动准备

把算账内容列为表格。

名　称	政治账	经济账	名誉账	亲情账	自由账	健康账
得（利）						
失（弊）						

3. 活动内容

（1）提供计算腐败的得失和利弊的案例：某官员贪污受贿28万元，变为一名犯罪分子，被判处有期徒刑19年，剥夺政治权利5年，没收个人财产5万元。

（2）在课后填好算账教育表，对照表中所列六项内容，参照上面（1）的内容，结合个人生活经历或根据个人所见的事例，逐项进行“腐败”前后的“得（利）”与“失（弊）”的权衡，并填入表里，越详细越好。

（3）在课堂上用15分钟时间交流讨论腐败的利与弊、得与失。

思考：通过算账，你认为腐败值不值得？

4. 与你分享

经常算算账，给自己提提醒

一算政治账——自毁前程；二算经济账——倾家荡产；三算名誉账——身败名裂；四算亲情账——家庭离散、众叛亲离；五算自由账——身陷牢笼；六算健康账——身心交瘁。

某因贪污受贿身陷牢狱的官员在接受算账教育时，老泪纵横地说：

“这账，不算不知道，算迟了也不行，希望你们趁现在还没犯错误，要经常算算账，给自己提提醒。到了监狱后，我给自己算算账，觉得越算越亏，越算越不划算！”

“算政治账，我是自毁前程。从我戴上手铐的那一刻起，就宣判了我政治生涯

的终结！”

“算经济账，我现在倾家荡产。要不是当初贪恋钱财，靠自己的合法收入，也足以让我自己过上富裕生活，营造一个幸福的家，可是这一切，我再也没有了！”“不值得啊，真是不值得！光从经济上来说吧，我在位时，一年收入十几万，干到退休，还能拿到将近100万。假如80岁去世，在退休后的20年时间里，每年四五万退休金，也有将近100万，加起来也有200万的收入。还有其他各种政治待遇和经济待遇 ，损失更大。我当时收的钱，法院认定的也就不到100万。你们想，我收了这100万，损失的却是200万，岂不是太不值了？这个账不算不知道，一算吓一跳，亏大呀，真是得不偿失啊！……更让我伤心的是，我收下来的这些钱，根本就是分文未动。后来全部上缴给纪委，我其实是个过路财神啊。为了这些从来没有派上用场的钱，让自己失去了奋斗几十年才拥有的一切。我恨行贿人，恨这些钱。这些钱像个妖魔，在引诱着我一步步走向深渊，我没有得到它的一点点好处，没沾到它一点腥，就跟着它沉下去了。现在想起来，真像是做了一场梦啊！”

“算名誉账，我现在身败名裂。我的脸上永远刻下‘贪官’的烙印！”

“算亲情账，我现在是家破人亡，众叛亲离。自从进了监狱，听说那些平素和我们家交往密切的亲朋好友再也没有到我家去过，那些曾和我同窗共读的同学也不再炫耀和我的浓情厚谊！”“从我被抓的那天起，我娘就每天晚上都要跪在院子中央，祈求上苍保佑儿子早日归来。那时正好是冬天，寒风彻骨，夜里零下十几度，一个健康的青壮年，最多跪上十几分钟就受不了了，可我年迈多病的娘，就那么夜复一夜地跪了三个半月，两个膝盖肿得比大腿还粗，可儿子还没回来。那天夜晚，老人家跪着的时候突发脑溢血，含泪而去。不久，我父亲也因此含恨去世。作为儿子，我不但没有报答父母亲的养育之恩，反倒折了老人家的寿。这种愧疚深入骨髓，痛入灵魂，难以言表……我自己也有一双儿女，他们正处于需要父亲精心照顾和教育的关键时候，我却被囚禁在高墙之内，不仅不能给予他们父爱，反而在孩子幼小的心灵上留下了永远也无法抹平的创伤。儿子过去的成绩在班上数一数二，我出事后对他的打击太大，他的学习成绩骤降，曾经活泼开朗的他，如今精神萎靡，情绪低落，一个人寄读在外地。每当老师问到‘你爸爸怎么从来不到学校看你’时，他感到非常尴尬。有次儿子哭着给他妈妈打电话说‘妈妈，你让舅舅或叔叔冒充我爸爸给老师打个电话，好吗？我在老师面前感到无地自容啊’！女儿在学校同样自卑。有一次，一个同学对她说，‘你的爸爸是犯人’，为此，女儿抓破了对方的脸。从此，女儿决意不肯上学。为了女儿的成长，本可以在事业上有所作为的妻子，只好提前办理了退休手续，迁居外地，给女儿转校陪读。每当想起这些，我就痛心疾首，追悔莫及。”

“算自由账，我现在是身陷牢笼，没有自由将失去生命的精彩，失去自由是人生最大的痛苦，渴望自由的感觉也许只有失去自由的人才能真正体会到！”“现在我想对你们说的就是，我羡慕你们，开完会（算账教育会），你们就可以回家了。”

“算健康账，我现在是身心交瘁，以前我是一头黑发，现在几乎都变成灰白色的野草，成缕成缕地往下掉……”

“同志们，珍惜现在拥有的一切吧，千万不要重蹈我的覆辙。”

5. 心灵感悟

写下你的体会吧！

三、我写我做

【身体力行】

1. 收集发生在身边的廉洁案例。如何守住自己的道德底线？

2. 采访三个职务腐败案例，请腐败分子谈谈曾经面对过怎样的廉洁或腐败问题困扰，他们的处理方法是什么？思考这些与《思想道德修养与法律基础》课的关系。

【活动周记】

在学习了本专题内容后，也许有些同学对当前社会中的腐败行为探究更深入了，也许有些同学对廉洁修身与自己的关系有了新的认识和困惑，请你写下来吧！

第十一章

大学生创新与创业教育

——创新思维行为训练

好的创新者是一个有新颖想法的人，能够知道理解用户和他们需要的价值，并且是一个真正的实践者。

——李开复

具有创造性的人与其他人的差别是前者拥有优秀的捕捉技能。当新理念出现后捕捉新理念，捕捉的工具可以是纸、笔、餐巾、电脑或用树枝写在沙子上。

——Robert Eptein

一、主题探讨

【实践活动设计思路】

无论用什么词语，知识经济时代、创新经济时代、信息时代、后工业时代……来定义这个时代，毋庸置疑的是，创新，已成为引导世界发展的潮流与主题。创新，是人的本性，是人的意义的最佳体现。教育的根本目的是促进人的发展，激发人的潜能，为人最大限度地实现价值创造条件。因此，高等教育重要的任务无疑是培养创新性人才，而作为培养人才的《思想道德修养与法律基础》课程，也义不容辞具有培养大学生的创新能力和实践精神的功能和作用。鉴于创新的重大意义，本书单独开辟一章专题训练，旨在通过随机乱画游戏、头脑风暴 、心中的塔等创新思维训练活动提升大学生的创新思维水平，同时我们认为，大学生创新能力的提高离不开创业实践，从而选取了创业挫折作为重点来训练，旨在为大学生未来创业进行有效的心理素质准备。

【知识链接】

★创新思维训练

提供必要的思维手段和方法。这种思维手段就是指它的工具性，对于这种思维工具，我们完全可以通过思维实践和做思维练习题，培养创新思维的意识，提高运用创新思维方法的技巧和技能。

★创新思维形式

主要有逻辑推理思维、求异思维、想象思维、发散与聚合思维、联想思维、直觉思维、灵感思维等。思维方式的创新比知识的创新更重要，只有思维方式有所创新，才能源源不断地产生新知识。

★头脑风暴法（Brain Storming，BS法）

又称智力激励法、自由思考法，可分为直接头脑风暴法（通常简称为头脑风暴法）和质疑头脑风暴法（也称反头脑风暴法）。前者是在专家群体决策时尽可能激发创造性，产生尽可能多的设想的方法，后者则是对前者提出的设想、方案逐一质疑，分析其现实可行性的方法。头脑风暴的特点是让参与者敞开思想，集体讨论，相互启发、相互激励、相互弥补知识缺陷，引起创造性设想的连锁反应，产生尽可能多的设想，使各种设想在相互碰撞中激起脑海的创造性风暴。最后对提出的设想逐一客观、连续的分析，找出解决问题的“黄金”方案。

★逆向思维法

指人们为达到一定目标，从相反的角度来思考问题，从中引导启发思维的方法。它的特征是反向性，因此我们应用还原分析法先暂时放下当前的问题，回到问题的起点，分析问题的本质，从而另辟蹊径；也可运用缺点逆用法，事物有两重性，缺点和问题的一面可以向有利和好的方面转化；也可以克服单向思维形式，养成多角度、多方位、多功能、多途径思考问题的习惯。

★创新能力培养

长久保持高水准创新能力的奥秘在于善于观察一般人习以为常之事，从细微处入手，才会拥有打破常规的能力；有优秀的捕捉技能，是具有创造性的人与其他人的差别，同时营造内部竞争气氛，能形成创新行为促使团队更快地到达胜利的终点；敢注入新鲜血液，拥有一些偏离主流的行为，并懂得创新的最大障碍在于固定的意识倾向，不要让僵化的思想侵蚀自己的精力；优秀的创新人才还能不畏风险，积极面对挫折，并勇于探索界限之外的风景。

★创业实践平台——“挑战杯”中国大学生创业计划大赛

我们鼓励创新的思想，更强调让创新的思想转化为实在的价值，只有能为社会、企业、个人带来价值提升的创新才是有效的创新。这种价值的提升需要我们将创意通过行动转化为一种成果。“挑战杯”中国大学生创业计划大赛可以帮助学生了解创业知识，培养创业意识，树立创业精神，提高创业能力。

二、活动主题及训练过程

活动主题（一）　随机乱画游戏

1. 活动目的

善于保存新想法，培养优秀的捕捉技能，使人们相信每个人都有创造性。

2. 活动准备

白纸、油性笔。

3. 活动内容

操作：让每个组员乱画一些物体，遮盖住。一会儿接着再画一次。

培训者提示：对比一个新想法的有帮助回忆和无帮助回忆，有一种简单的方法。你已获得了一个以前的乱画物（原来的记录）和一个以后的乱画物（无帮助的记忆），现要求参与者参照以前的画一幅同样的画（有帮助的回忆），并且把这幅新画与以后的乱画物进行比较。哪一个是原来想法的可靠复制品呢？

图：活动挂图形式（可选择）

每一页应该被分成三部分。顶部是“以前的”画，中间的部分包含物体的名字（由培训者提供），底部是“以后的”画。在最上面的画完成之后，这页纸应该立即向上折起，如复写簿的样子，以至于第三行（下面的）接着纸的顶部（第一行）。这样会把第一幅画盖住，暴露纸的底部，这部分是为“以后的”画准备的。

第一行	以前的：物体
第二行	物　体
第三行	以后的：物体

参与者的记录与评价

请绘出在这个练习中你的“以前的”画和“以后的”画的略图：

	以前的	以后的
物体：		
物体：		
物体：		

讨论：

①你为何认为新的想法是如此难以记忆？

②新的想法出现在你的头脑中接着消失了，并且再没有出现过，你能想起一次这样的经历吗？

③从这个练习中你能学到什么？

4. 与你分享

从以上练习可以产生一些有趣的画，从这些个案中可以明显看出记住新的想法是多么困难。

新的想法像兔子——它们在丛林中迅速移动，你还没来得及看清楚，他们就已经跑掉了，当然不是每个新想法都有价值，但是如果你想产生更多真正有创造性的想法，你需要从一个更大的新想法开始，所以无论如何先把新想法保存下来，然后再评价。

5. 心灵感悟

写下你的体会吧！

活动主题（二） 头脑风暴

1. 活动目的

培养学生发散性思维，让学生了解创新思维方法。

2. 活动准备

大白纸、油性笔。

3. 活动内容

假设你和你的同学决定在购物中心开设一家饭店，困扰你们

的问题是：这个城市已有了很多的饭店，这些饭店能够提供各种价位的不同种类的餐饮服务。你们拥有开设任何一种类型饭店的足够资源，你们所面对的问题是：什么样的饭店才是最成功的？

要求：

①每个团队花5～10分钟时间来构思你们最可能成功的饭店类型。每位团队成员都要尽可能地提出富有创新性的意见或构想，对任何提议都不能加以批评。

②指定一位团队成员把所提出的各种方案写下来。

③用10～15分钟时间讨论各个方案的优点与不足。作为集体，确定一个使所有成员意见一致的最可能成功的方案。

原则：

①暂缓下结论：不要批评他人的观点，更不要嘲笑他人或其观点。

②自由：鼓励参与者梦想或遐想，鼓励大胆或愚蠢的建议，但不能无任何建议或离座闲逛。

③数量：要求大量的建议。

④交叉培养：鼓励一个团队的建议被其他团队成员扩展或开发，将所有人的建议写在白纸上以便全部人都能够看到并编号。建议团队成员在感到空洞时千万不要说丧气话。

4. 与你分享

培养发散思维的方法：

★拓展思维的广度，从更广阔的范围把握事物之间的联系；

★扩大观察范围，为思维注意力的适时转移、分配做好准备；

★培养群体协作精神，集思广益，激发群体的集体智慧，开拓更多思路；

★避免一味求同，真正实现发散思维的“求异”。

5. 心灵感悟

写下你的体会吧！______________________________

____

____

____

____

____

活动主题（三） 心中的塔

1. 活动目的

（1）培养学生想象能力，突破定势思维，提高学生的创新思维能力。

（2）培养学生团队合作能力。

2. 活动准备

大报纸四张、剪刀一把、透明胶一个。

3. 活动内容

（1）将学生分成若干组，每组以7～8人为宜。每组自带材料：一份大报纸四张、剪刀一把、透明胶一个。在20分钟内完成建塔任务，并取好塔名。

（2）各组推荐一名同学在全班内交流，介绍塔名和设计创意之处。

（3）要求选出两名观察员协助。活动需要30分钟。

4. 与你分享

创新的三要素：新颖、价值、可行性。

新颖：不是发明了相对论才叫新颖。如果你把一个跨领域的技术带到另一个领域去也是一种创新（如微波炉），合成也是一种创新。

价值："需求是创新之母"，创新是为谁做的，有没有需求？

可行性：今天的创新面临着不同的用户，周期更短，重要性更高。

创新之路应该是洞悉未来、简单是美、以人为本、接受风险。

洞悉未来：预测未来最好的方法就是创造未来，我们不要只听用户需要什么，我们要用力想想用户未来需要什么，我们针对那个需要来努力打破常规：用四条线覆盖九个圈（延长直线转弯）。

简单是美：用什么样的技术让用户多打几个字？

以人为本：创新人喜欢的氛围——他被信任了，被放权了，被给了空间来实现他的创新。领导不可以管得太死，所以必须要有一个非常平等的、非常公平的、扁平的组织结构。

接受风险：失败不是惩罚而是一种学习的经验。

个人具备创新能力的方法——多问问题，例如为什么是这样的？有没有别的方法看这个问题？学这个有什么用？我来试试看（我听过的我会忘记，我看过的我会记得，我做过的才真正理解！），一件事情不确定的时候就试试看。我爱做什么？一个创新的人要有一种热爱，要有一种激情。

5. 心灵感悟

写下你的体会吧！______________________________

____

____

____

____

____

活动主题（四） 创业挫折模拟训练

1. 活动目的

使学生明白挫折就好比一把双刃剑，可能会成为我们成长和发展中的障碍，但更可能成为我们人生经历中的宝贵财富，使我们走向成熟、走向成功。

2. 活动准备

要求每个小组收集、讨论、分析因创业而有过激反应的真实案例。

3. 活动内容

操作：每小组选择一位同学上讲台表演劝慰一位创业失败的人，然后大家评选最佳劝说选手，最后教师评点。

核心提示：2007年9月3日，××学院22岁学生邓国旺因创业失败不堪债务重负，从该校大学城校区的宿舍楼七楼跳下，砸死楼下路过的一名19岁师妹。这一事件在社会上引起强烈反响，更引发了大家对大学生“创业热”的思考。

面对挫折，智慧的你，如何选择？

4. 与你分享

创造性思维往往来自逆向思维。有人落水，常规的思维模式是“救人离水”，而“司马光砸缸”的故事中，年龄还很小的司马光，面对小伙伴落水、生命垂危，自己和小伙伴都够不着水缸，喊大人又来不及的险情，灵机一动，果断地用石头把缸砸破，让水从破缸中流出，救起了小伙伴，这就是运用了“破缸留人”的逆向思维。古罗马的阿基米德利用水的浮力和物体的排水量来鉴定国王的金冠，三国时期曹冲在五岁的时候也利用水的浮力称大象的重量，都是应用了找到替代物品“化整为零”然后“零存整取”的思维方法。孙膑用添兵减灶的办法迷惑庞涓，造成了撤兵的假象，而诸葛亮却用减兵增灶的办法，摆出增兵的架势，瞒过了司马懿，撤军千里。敦煌壁画中“反弹琵琶”的舞蹈艺术造型，成了逆向思维的代名词。

近年来，国内外都非常重视大学生自主创业，以创业促就业。联合国教科文组织在《21世纪的高等教育：展望与行动世界宣言》中提出：“高等学校必须将创业技能和创业精神作为高等教育的基本目标。”“以创业促就业”已经成为各国政府促进大学生就业的一个重要举措。

美、日、德等各高校高度重视大学生的创业，纷纷开设了创业课程，加强创业教育。日本高校也把《产业社会与人》作为学生的必修创业课程，旨在培养学生决定创业选择所必需的能力和态度，以及将来创业生活所必备的基本技能和交际能力；德国的12所大学设立了创业学首席教授职位，专门负责研究和讲授大学生的创业问题；但其中最为著名的是美国大学生的创业教育。

英、美、法、日、德的大学生“以创业促就业”的有效举措为我国大学生提供了启示。

第一，高校要加大对大学生的创业教育，提升大学生自主创业意识。近年来，我国高校普遍开设了就业教育课，但创业教育课程开设明显不足。所以要组织人力加大对创业教育的研究，开设专门的创业教育课程和创业教育培训中心，实行创业导师制，使大学生真正改变单一的社会就业观念，树立正确的创业意识，了解创业中有关管理和市场经营的知识，扩展创业素质和能力。

第二，各级政府要加大对大学生创业的优惠政策和扶持力度。2003年6月18日，国家工商总局出台了鼓励大学生创业的政策，免除了大学生毕业自主创业的个体工商登记注册费、管理费、合同文本费等；上海也实行了小额贷款担保的大学生“促进就业基金”。近年来，各地又纷纷出台了一些助推大学生创业的优惠政策，这对促进大学生创业发挥了一定的作用。但各级政府还需要进一步加大对大学生创业的优惠政策和扶持力度，包括投融资政策、税收政策、技术转让、用人政策等方面切实鼓励大学生创业。

第三，政府、民间组织和高校要共同打造大学生创业平台。美国大学生创业竞赛、英国的创业王子基金、法国的政府创业计划都为大学生的创业设置了很好的创业平台。我国需要政府、民间组织和高校共同打造一个专门的大学生创业平台，包括一个由政府、银行、民间组织、各种风险投资中介机构组成的高效运作平台，并通过该平台真正发挥政府的引导作用，促使更多大学生参与，接受更多的企业单位、社会团体、个人对学生创业和科技创新的扶持，特别是要鼓励风险投资，使大学生的风险企业通过资本市场为自己的新产品、新技术寻找资金支持，同时通过风险投资或银行检验自己的创新设想，保证创新企业能够比较健康、快速地发展。这不仅可以催生更多的创新企业，提高民族创新能力和国际竞争能力，也能促进大学生就业率的提高，缓解国家的就业压力。

当今社会竞争激烈，特别是大学生就业压力相当大，而且因为种种原因，大学生实际社交能力以及适应社会的能力普遍较差，在遇到困难和挫折时往往容易产生片面及悲观厌世心理。虽然各大学都设有心理咨询辅导机构，但很多存在心理问题的学生反而极少求助于这些机构，有的认为心理辅导并不能从根本上帮助解决其面临的问题，有的则是心存顾虑，害怕被人知道自己存在心理障碍，这部分学生也往往不愿将自己的困难和困惑讲给老师或同学听，久而久之心理压力只会越来越大。

所以，没有很好的心理素质，没有足够的心理准备，大学生在学期间就不要轻易尝试创业。如果确实要这样做，那也应该先进行自我评估，对创业目标进行合理定位，并且根据实际情况随时调整，切忌以急功近利的心态盲目投入创业；遇到挫折先想想原因，试着寻找多个途径解决问题，同时要从老师或同学那里多听取一些意见和建议。任何事物都具有两面性，没有人能注定万事成功，因此，即使创业失败也要保持清醒头脑，以平常心态处理事情，这样才能避免悲剧的发生。

5. 心灵感悟

写下你的体会吧！______________________

____

____

____

____

____

三、我写我做

【身体力行】

寻找你的团队，至少选择一个创新项目进行实践，可以是大学生挑战杯，也可以是大学生创新性实验项目或生活中你认为是创新性的活动，记得用上本专题的创新思维和方法哦！

项目一：

项目二：

【活动周记】

“像外行那样思考，像内行那样做事。”外行心态为什么能够产生思维方式创新？从规矩、习惯、现状、禁忌这些创新最大的障碍入手吧，写下你的感悟和行动。

参考文献

1．刘可风．伦理学原理［M］．北京：中国财政经济出版社，2003

2．罗国杰．伦理学［M］．北京：人民出版社，1989

3．宋希仁．西方伦理思想史［M］．北京：中国人民大学出版社，2004

4．［美］戴夫·埃利斯，刘静焱等译．大学应该这样读［M］．北京：科学出版社，2010

5．［美］艾普斯坦，周丽清等译．创造力拓展训练——团体培训手册［M］．北京：中国轻工业出版社，2005

6．林清文．生涯发展与规划手册［M］．广州：广东世界图书出版公司，2003

7．陈红春．人生价值的要素［M］．上海：上海文化出版社，1988

8．华东师范大学哲学系（所）德育室《大学生人生价值观述要》编写组．大学生人生价值观述要［M］．上海：华东师范大学出版社，1991

9．樊富珉．大学生心理素质与心理健康教育研究［M］．北京：清华大学出版社，2002

10．何少颖．大学生心理健康教育与训练［M］．厦门：厦门大学出版社，2003

11．谭洛明，张荣烈．心理健康教育与训练［M］．广州：中山大学出版社，2007

12．刘勇．团体咨询治疗与团体训练［M］．广州：广东高等教育出版社，2003

13．李萍．思想道德修养［M］．广州：广东高等教育出版社，2003

14．梁衡．爱国的理由［M］．北京：中国人民大学出版社，2004

15．张岱年．心灵长城——中华爱国主义传统［M］．合肥：安徽教育出版社，1995

16．夏中义．大学人文读本——人与国家［M］．桂林：广西师范大学出版社，2002

17．刘加福．责任与人生［M］．北京：中国纺织出版社，2009

18．余定宇．寻找法律的印迹——从古埃及到美利坚（第2版）［M］．北京：法律出版社，2010

19．王利民．民法［M］．北京：中国人民大学出版社，2005

20．许崇德．法学基础理论·宪法学［M］．北京：法律出版社，1998

21．崔永东．道德与中西法治［M］．北京：人民出版社，2002

22．袁古洁．法与理的边缘［M］．广州：广东人民出版社，2003

23．王荣发．思想道德修养与法律基础实践性教学理论与探索［M］．上海：华东理工大学出版社，2007

24．刘书林．思想道德修养与法律基础教师参考书［M］．北京：高等教育出版社，2006

25．罗国杰．思想道德修养与法律基础［M］．北京：高等教育出版社，2010

26．汪宛夫．国色［M］．珠海：珠海出版社，2009

后 记

时代呼唤思想政治理论课给当代大学生提供更多的实践机会，以培养他们的实践能力和创新能力，基于这样的思考，本书应运而生。它是为配合理论教学，培养学生分析问题和解决问题的能力，促使学生由理论学习向方法、能力、素质转化而进行的有益探索。本书融合了心理学、社会学、教育学、伦理学等学科的理论和方法，形成了独具特色的“思想道德修养与法律基础”课实践教学活动指导。本书根据“思想道德修养与法律基础”教材的各章节内容，安排与之相对应的实践活动设计与训练，对“思想道德修养与法律基础”教材各章节理论的内容和重点，作了进一步的拓展和深化，目的是为“思想道德修养与法律基础”课程教学提供可操作性的各类实践教学活动指导。我们希望本书所提供的一些思路和方法能促使高校“思想道德修养与法律基础”课的实践教学真正“动起来” “活起来”，成为以指导学生运用理论、掌握方法、训练技能、锻炼能力、认识社会、提高素质为特征的教学环节和教学活动不可缺少的配套辅助教材，以实现在实践教学中启发认知思维、引导心理体验、指导行为习惯的目的。

十余年来，我们身处教学第一线，一直致力于探索将团体辅导的理念、技术及方法与思想政治理论课教学相结合的新模式。我们认为在“思想道德修养与法律基础”课堂教学中，迫切需要渗透一些具有理论针对性且操作性强的实践活动来调动大学生学习的积极性，提升他们的理论认知。当代大学生也强烈渴望通过各种课内外的实践活动习得一些人际交往、生涯规划、创新创业等技能技巧，从而达到自我教育、自我转变、自我提升的目的。大学生不再满足于书本上的基础知识和理论，他们需要从实践中收获，在实践中创造。基于此，编写一本大学生喜爱、任课教师欢迎且师生都能共同使用的“思想道德修养与法律基础”实践教学活动指导用书，成为我们长久以来的心愿。

本书的编写融汇了我们长期的教学实践和经验，从资料的收集积累、章节框架的设计，到最后的整理成文，无不倾注了我们的汗水和思索，体现着我们勇于改革的勇气和精神。黄丽春、李雪如、吕志负责总体框架的设计、写作思路的拟定；各章撰写人员及具体分工如下：李雪如（绪论、第三章），黄丽春（第一章、第十一章），欧罗城（第二章），王喆（第四章、第五章），粟莉、黄丽春（第六章、第七章），钟光红、谢沫珠（第八章、第九章），谢沫珠（第十章），全书由吕志、黄丽春、谢沫珠提出修改意见并负责统稿，书稿最后由吕志教授、黄丽春副教授负责审稿定稿。可以说，呈现在大家面前的劳动成果是广东药学院“思想道德修养与法律基础”教学团队的集体研究成果，凝聚着大家的共同努力，体现着集体智慧的结晶。

最后，我们要感谢广东药学院党政领导和教务处的大力支持，没有他们的支持，实践活动的教改就难以起步，我们也就不可能有很好的研究和实践平台；感谢社科部领导，没有他们的理解和关怀，我们就不可能有这样的信心；感谢同行，没有同行的研究注入，本书就不会如此充实。不能忘记的是在我们任教的广东药学院2008级中，以房嘉丽、郑培生为骨干的20位同学积极参与本书编写的前期工作，使本书更加鲜活生动。我们感谢思想政治理论教育的老前辈郑永廷教授在百忙之中欣然为本书作序，给予激励。最后还要感谢暨南大学出版社的古碧卡、张学颖编辑为本书付出的心血。恕篇幅所限，不能一一致谢。我们期待本书将在“思想道德修养与法律基础”课的教育教学中发挥积极作用，也期待本书在不远的将来，日臻完善，成为特色教材，并深受师生喜爱。由于写作时间紧迫，书中不足之处在所难免，诚挚欢迎广大师生提出宝贵意见，以利于本书的修订和再版。

编　者

2011年7月于广州大学城